TARIF DE LA SOLDE

DE

L'ARMÉE FRANÇAISE.

TARIF
DE LA SOLDE.

DES ACCESSOIRES DE LA SOLDE,
DES MASSES, DES GRATIFICATIONS, DES INDEMNITÉS EXTRAORDINAIRES,
ET DES JOURNÉES DE VIVRES, FOURRAGES ET CHAUFFAGE

DE

L'ARMÉE DE TERRE,

EXTRAIT DU QUATRIÈME VOLUME

DU DROIT ET LÉGISLATION DES ARMÉES DE TERRE ET DE MER;

Par M. DURAT-LASALLE, AVOCAT,

Ancien Officier, Chevalier de la Légion d'honneur et de plusieurs ordres étrangers.

ET AVEC SON AUTORISATION,

NOTA. Ces Tarifs, faisant suite aux ordonnances du 25 décembre 1837 et 3 décembre 1840, sont actuellement les seuls rectifiés et mis à jour sur les documents officiels du ministère de la guerre. Ils sont imprimés sur grand papier jésus collé, propre à recevoir des notes.

PARIS.

Chez LÉAUTEY,

Imprimeur-Libraire de la gendarmerie de France, de la garde municipale et des troupes de toutes armes.

Rue Saint-Guillaume, 21, Faubourg Saint-Germain.

1845

(N° 1*.) ÉTAT-MAJOR GÉNÉRAL

GRADES.	SOLDE DE PRÉSENCE,					
	SUR LE PIED DE PAIX,			SUR LE PIED DE GUERRE,		
	par an.	par mois.	par jour.	par an.	par mois.	par jour.
Maréchal de France	30,000f	......	......	......	......	......
Commandant en chef d'une armée ou d'un corps d'armée (maréchal de France ou lieutenant général).	......	......	......	......	......	......
Lieutenant général	15,000	1,250f 00c 0	41f 66c 6	18,750f	1,562f 50c 0	52f 08c 3
Maréchal de camp...............	10,000	833 33 3	27 77 7	12,500	1,044 66 6	34 72 2
Colonel	6,250	520 83 3	17 36 1	6,250	520 83 3	17 36 1
Lieutenant-colonel	5,300	441 66 6	14 72 2	5,300	441 66 6	14 72 2
Chef d'escadron.................	4,500	375 00 0	12 50 0	4,500	375 00 0	12 50 0
Capitaines { de 1re classe.....	2,800	233 33 3	7 77 7	2,800	233 33 3	7 77 7
{ de 2e classe......	2,400	200 00 0	6 66 6	2,400	200 00 0	6 66 6
Lieutenant	1,800	150 00 0	5 00 0	1,800	150 00 0	5 00 0
Élève sous-lieutenant...........	1,450	120 83 3	4 02 7	......	......	......

Nota. Les officiers d'infanterie et de cavalerie et les lieutenants d'état-major, régulièrement ment employés à un état-major d'armée, en vertu de l'article 9 de l'ordonnance du 25 février 1833, cette position reçoivent la solde de 1re ou de 2e classe, selon leur classement dans leur arme.
Ceux de ces officiers qui continuent de compter dans des corps de troupe sont payés au titre
Hors les cas ci-dessus spécifiés, nul officier étranger au corps royal d'état-major n'a droit d'en
Les capitaines et les lieutenants d'état-major détachés ou classés dans un régiment reçoivent la
resteraient dans la même position après avoir accompli dans l'infanterie et la cavalerie le temps
solde de leur grade dans le corps royal d'état-major.
Le traitement des capitaines de toutes armes employés comme officiers d'ordonnance près du

* N° 1 des tarifs de l'ordonnance du 5 décembre 1840.

(N° 2*.) INTENDANCE

GRADES.	SOLDE DE PRÉSENCE,					
	SUR LE PIED DE PAIX,			SUR LE PIED DE GUERRE,		
	par an.	par mois.	par jour.	par an.	par mois.	par jour.
Intendant général	......	......	......	......	......	......
Intendant en chef (solde de fonctions)......................	......	......	......	18,750f 00c	1,562f 50c 0	52f 08c 3
Intendant militaire..............	10,000f	833f 33c 3	27f 77c 7	12,500 00	1,041 66 6	34 72 2
Sous intendant militaire { de 1re classe	6,250	520 83 3	17 36 1	7,812 50	651 04 1	21 70 1
{ de 2e classe	5,300	441 66 6	14 72 2	6,625 00	552 08 3	18 40 2
Adjoint à l'intendance militaire { de 1re classe	4,500	375 00 0	12 50 0	5,625 00	468 75 0	15 62 5
{ de 2e classe	2,500	208 33 3	6 94 4	3,125 00	260 41 6	8 68 0

* N° 2 des tarifs de l'ordonnance du 5 décembre 1840.

ET CORPS ROYAL D'ÉTAT-MAJOR.

SOLDE D'ABSENCE, PAR JOUR.			SUPPLÉMENT de solde dans Paris par jour.	OBSERVATIONS.
en congé et en captivit.	à l'hôpital	à l'hôpital étant en congé avec solde.		
......	......	......	......	Ce traitement est dû à MM. les maréchaux de France dans toutes les positions. Il se cumule, quand il y a lieu, avec celui de commandant en chef d'armée ou de corps d'armée.
20f 83c 3	......	......	......	Une décis. royale détermine la solde du command. en chef.
13 88 8	......			
8 68 0	14f 36c 1	5f 68c 0	3f 47c 2	
7 36 1	11 72 2	4 36 1	2 94 4	Mis à la suite d'un régiment, ils conservent la solde d'état-major.
6 25 0	9 50 0	3 25 0	2 50 0	Les capitaines de 2e classe, actuellement en possession de l'ancienne solde de 2,500 fr., la conserveront jusqu'à ce qu'ils soient appelés à la 1re classe.
3 88 8	5 77 7	1 88 8	1 94 4	Ceux qui, bien que nommés antérieurement à la décision royale du 16 août 1838, n'ont pas joui de la solde de 2,500 fr., parce qu'ils étaient détachés dans des corps, n'auront droit, lorsqu'ils cesseront d'être détachés, qu'à la solde de 2,400 fr.
3 33 3	4 66 6	1 33 3	1 66 6	
2 50 0	3 50 0	1 00 0	1 66 6	Rectifié conformément au nouvel article substitué par l'ord. du 20 déc. 1842 à l'art. 140 de l'ord. du 25 déc. 1837. (*J. M. offic.*, 2e sem., page 313.)
2 01 5	2 77 7	0 76 3	1 34 2	

désignés pour remplir les fonctions d'officiers d'ordonnance, ainsi que les officiers momentané-
jouissent de la solde fixée par le présent tarif. Les capitaines d'infanterie ou de cavalerie dans

de ces corps.
recevoir la solde.
solde de la 2e classe de leur grade dans le corps où ils comptent. Toutefois, les lieutenants qui
de service déterminé par l'article 8 de la susdite ordonnance, seraient dès lors admis à jouir de la

roi ou des princes de la famille royale est réglé par des décisions spéciales.

MILITAIRE.

SOLDE D'ABSENCE, PAR JOUR,			SUPPLÉMENT de solde dans Paris par jour.	OBSERVATIONS.
en congé et en captivit.	à l'hôpital	à l'hôpital étant en congé avec solde.		
......	......	......	......	Son traitement est fixé par une décision speciale.
13f 88c 8	......	......	......	
13 88 8	......			
8 68 0	14f 36c 1	5f 68c 0	3f 47c 2	
7 36 1	11 72 2	4 36 1	2 94 4	
6 25 0	9 50 0	3 25 0	2 50 0	
3 47 2	4 94 4	1 47 2	1 73 6	

(N⁰ 3*.) ÉTAT-MAJOR

GRADES.	SOLDE DE PRÉSENCE,		
	par an.	par mois.	par jour.
	f.	f. c.	f. c.
Colonel commandant de place..........................	5,000	416 66 6	13 88 8
Lieutenant-colonel commandant de place.................	4,300	358 33 3	11 94 4
Chef de bataillon, d'escadron et major, commandant ou major de place..	3,600	300 00 0	10 00 0
Capitaine........... commandant de place, citadelle, fort, château, ou adjudant de place.....	2,000	166 66 6	5 55 5
adjudant de place à Paris..........	2,400	200 00 0	6 66 6
Lieutenant commandant de poste militaire, ou adjud. de place.	1,450	120 83 3	4 02 7
Secrétaire archiviste.. Capitaine	2,000	166 66 6	5 55 5
— à Paris...................	2,100	175 00 0	5 83 3
Lieutenant	1,450	120 83 3	4 02 7
Sous-lieutenant	1,350	112 50 0	3 75 0
Sous-officier	1,000	83 33 3	2 77 7
Portier-consigne...... de 1re classe	800	66 66 6	2 22 2
de 2e classe	700	58 33 3	1 94 4
de 3e classe....................	600	50 00 0	1 66 6
Batelier aide-portier...........................	365	....	1 00 0
Aumônier .... de division ou de brigade aux armées	2,000	166 66 6	5 55 5
de place dans l'intérieur	1,200	100 00 0	3 33 3
PLACE DE VINCENNES.			
Commandant de place. Colonel	5,000	416 66 6	13 88 8
Lieutenant-colonel	4,300	358 33 3	11 94 4
Adjudant de place et Capitaine.....................	2,000	166 66 6	5 55 5
secrétaire-archi- Lieutenant....................	1,450	120 83 3	4 02 7
viste .... Sous-lieutenant	1,350	112 50 0	3 75 0
Portier-consigne de 1re classe.....................	800	66 66 6	2 22 2
Aumônier.................................	1,200	100 00 0	3 33 3

* N° 3 des tarifs de l'ordonnance du 5 décembre 1840.

DES PLACES.

SOLDE D'ABSENCE PAR JOUR,			SUPPLÉ-MENT de solde dans Paris par jour.	OBSERVATIONS.
en congé et en captivité	à l'hôpital	à l'hôpital étant en congé avec solde.		
f. c.	f. c.	f. c.	f. c.	
6 94 4	10 88 8	3 94 4	....	
5 97 2	8 94 4	2 97 2	....	
5 00 0	7 00 0	2 00 0	....	
2 77 7	3 55 5	0 77 7	....	
3 33 3	4 66 6	1 33 3	1 66 6	
2 01 3	2 52 7	0 51 3	....	
2 77 7	3 55 5	0 77 7	....	
2 91 6	3 83 3	0 91 6	1 45 8	
2 01 3	2 52 7	0 51 3	....	
1 87 5	2 50 0	0 62 5	....	
1 38 8	1 85 2	0 46 3	....	
1 11 1	1 48 2	0 37 1	....	
0 97 2	1 29 6	0 32 4	....	
0 83 3	1 11 1	0 27 8	....	
0 50 0	0 66 6	0 16 6	....	
2 77 7	3 55 5	0 77 7	....	
1 66 6	1 83 3	0 16 6	....	
6 94 4	10 88 8	3 94 4	2 77 7	
5 97 2	8 94 4	2 97 2	2 38 8	
2 77 7	3 55 5	0 77 7	1 38 8	
2 01 3	2 52 7	0 51 3	1 34 2	
1 87 5	2 50 0	0 62 5	1 25 0	
1 11 1	1 48 2	0 37 1	0 74 0	
1 66 6	1 83 3	0 16 6	0 83 3	

(No 4*.) **ÉTAT-MAJOR**

GRADES.	SOLDE DE		
	SUR LE PIED DE PAIX,		
	par an.	par mois.	par jour.
OFFICIERS.	f.	f. c.	f. c.
Lieutenant général, maréchal de camp....................	....	....	....
Colonel	6,250	520 83 3	17 36 1
Lieutenant-colonel	5,300	441 66 6	14 72 2
Chef d'escadron..	4,500	375 00 0	12 50 0
Capitaine......... en premier	2,800	233 33 3	7 77 7
Capitaine......... en second	2,400	200 00 0	6 66 6
Capitaine......... en résidence fixe...................	2,400	200 00 0	6 66 6
EMPLOYÉS.			
Contrôleur d'armes des manufactures. de 1re classe..........	2,400	200 00 0	6 66 6
Contrôleur d'armes des manufactures. de 2e classe	1,800	150 00 0	5 00 0
Contrôleur d'armes des manufactures. Réviseur...............	1,500	125 00 0	4 16 6
Contrôleur d'armes des directions.... de 1re classe..........	1,800	150 00 0	5 00 0
Contrôleur d'armes des directions.... de 2e classe	1,500	125 00 0	4 16 6
Contrôleur. des fonderies.... jusqu'à 10 ans d'exercice.	1,800	150 00 0	5 00 0
Contrôleur. des fonderies.... de 10 à 15 ans..........	2,100	175 00 0	5 83 3
Contrôleur. des fonderies.... au delà de 15 ans.......	2,400	200 00 0	6 66 6
Contrôleur. adjoint des fonderies. jusqu'à 10 ans d'exercice.	1,200	100 00 0	3 33 3
Contrôleur. adjoint des fonderies. au delà de 10 ans........	1,500	125 00 0	4 16 6
Agent principal comptable	1,800	150 00 0	5 00 0
Garde d'artillerie de 1re classe...........	1,500	125 00 0	4 16 6
Garde d'artillerie de 2e classe	1,200	100 00 0	3 33 3
Maître artificier...	1,400	116 66 6	3 88 8
Chef artificier...	1,100	91 66 6	3 05 5
Ouvriers d'état..................... Chef.................	1,500	125 00 0	4 16 6
Ouvriers d'état..................... Sous-chef............	1,200	100 00 0	3 33 3
Ouvriers d'état..................... Ouvrier.	540	45 00 0	1 50 0

* No 4 des tarifs de l'ordonnance du 5 décembre 1840.

NOTA. Les aides de camp des officiers généraux de l'artillerie reçoivent la solde

DE L'ARTILLERIE.

PRÉSENCE, SUR LE PIED DE GUERRE,			SOLDE D'ABSENCE, PAR JOUR,			SUPPLÉMENT de solde dans Paris par jour.	OBSERVATIONS.
par an.	par mois.	par jour.	en congé et en captivit.	à l'hôpital.	à l'hôpital étant en congé avec solde.		
f.	f. c.	f. c.	f. c.	f. c.	f. c.	f. c.	
6,250	520 83 3	17 36 1	8 68 0	14 36 1	5 68 0	3 47 2	Comme à l'état-major général dont ils font partie.
5,300	441 66 6	14 72 2	7 36 1	11 72 2	4 36 1	2 94 4	
4,500	375 00 0	12 50 0	6 25 0	9 50 0	3 25 0	2 50 0	
2,800	233 33 3	7 77 7	3 88 8	5 77 7	1 88 8	1 94 4	
2,400	200 00 0	6 66 6	3 33 3	4 66 6	1 33 3	1 66 6	
2,400	200 00 0	6 66 6	3 33 3	4 66 6	1 33 3	1 66 6	Rectifié conformément au tarif approuvé par le roi le 21 oct. 1841.(*J.M. offic.*, 2ᵉ semestre 1841, page 319.)
......	......	......	3 33 3	4 44 4	1 11 1	2 22 2	
......	......	......	2 50 0	3 33 3	0 83 3	1 66 6	
......	......	......	2 08 3	2 77 7	0 69 4	1 38 8	
2,400	200 00 0	6 66 6	2 50 0	3 33 3	0 83 3	1 66 6	
1,800	150 00 0	5 00 0	2 08 3	2 77 7	0 69 4	1 38 8	
......	......	......	2 50 0	3 33 3	0 83 3	1 66 6	
......	......	......	2 91 6	3 88 8	0 97 3	1 94 4	
......	......	......	3 33 3	4 44 4	1 11 1	2 22 2	
......	......	......	1 66 6	2 22 2	0 55 5	1 11 1	
......	......	......	2 08 3	2 77 7	0 69 4	1 38 8	
2,400	200 00 0	6 66 6	2 50 0	3 33 3	0 83 3	1 66 6	Rectifié d'après le tarif approuvé par le roi le 21 oct. 1841. (*J. M. offic.*, 2ᵉ semestre 1841, page 319.)
2,000	166 66 6	5 55 5	2 08 3	2 77 7	0 69 4	1 38 8	
1,600	133 33 3	4 44 4	1 66 6	2 22 2	0 55 5	1 11 1	
1,800	150 00 0	5 00 0	1 94 4	2 59 2	0 64 8	1 55 5	
1,500	125 00 0	4 16 6	1 52 7	2 03 7	0 51 0	1 22 2	
1,700	141 66 6	4 72 2	2 08 3	2 77 7	0 69 4	1 38 8	
1,400	116 66 6	3 88 8	1 66 6	2 22 2	0 55 5	1 11 1	
800	66 66 6	2 22 2	0 75 0	1 00 0	0 25 0	0 60 0	

des officiers de leur grade et de leur classe dans les régiments de cette arme.

(N° 5*.) **ÉTAT-MAJOR**

GRADES.	SOLDE DE PRÉSENCE,					
	SUR LE PIED DE PAIX,			SUR LE PIED DE GUERRE,		
	par an.	par mois.	par jour.	par an.	par mois.	par jour.
OFFICIERS.	f.	f. c.	f. c.	f.	f. c.	f. c.
Lieutenant général, maréchal de camp	....	... .	....	....	....	....
Colonel...........................	6,250	520 83 3	17 36 1	6,250	520 83 3	17 36 1
Lieutenant-colonel................	5,300	441 66 6	14 72 2	5,300	441 66 6	14 72 2
Chef de bataillon	4,500	375 00 0	12 50 0	4,500	375 00 0	12 50 0
Capitaine .... { en premier ...	2,800	233 33 3	7 77 7	2,800	233 33 3	7 77 7
en second.....	2,400	200 00 0	6 66 6	2,400	200 00 0	6 66 6
Lieutenant........................	1,850	154 16 6	5 13 8	1,850	154 16 6	5 13 8
EMPLOYÉS.						
Garde principal.....	1,800	150 00 0	5 00 0	2,400	200 00 0	6 66 6
Garde et topographe { de 1re classe..	1,500	125 00 0	4 16 6	2,000	166 66 6	5 55 5
de 2e classe...	1,200	100 00 0	3 33 3	1,600	133 33 3	4 44 4
de 3e classe. ...	....	....	....	....	....	....
Ouvriers d'état ..... { Chef.........	1,500	125 00 0	4 16 6	1,700	141 66 6	4 72 2
Sous-chef	1,200	100 00 0	3 33 3	1,400	116 66 6	3 88 8
Ouvrier	540	43 00 0	1 50 0	800	66 66 6	2 22 2

* N° 5 du tarif de l'ordonnance du 5 décembre 1840.

Nota. Les officiers du génie, employés comme aides de camp près des officiers généraux de cette

DU GÉNIE.

SOLDE D'ABSENCE, PAR JOUR,			SUPPLÉ-MENT de solde dans Paris par jour.	OBSERVATIONS.
en congé et en captivit.	à l'hôpital.	à l'hôpital étant en congé avec solde.		
f. c.	f. c.	f. c.	f. c.	
....	....	....	....	Comme à l'état-major général dont ils font partie.
8 68 0	14 36 1	5 68 0	3 47 2	
7 36 1	11 72 2	4 36 1	2 94 4	
6 25 0	9 50 0	3 25 0	2 50 0	
3 88 8	5 77 7	1 88 8	1 94 4	
3 33 3	4 66 6	1 33 3	1 66 6	
2 56 9	3 63 8	1 06 9	1 71 2	
2 50 0	3 33 3	0 83 3	1 66 6	Rectifié conformément au tarif approuvé par le roi le 21 octobre 1841. (*J. M. offic.*, 2e semestre 1841, page 319.)
2 08 3	2 77 7	0 69 4	1 38 8	Idem.
1 66 6	2 22 2	0 55 5	1 11 1	Idem.
....	....	....	....	Cette classe est supprimée. (Art. 1er de l'ordonnance du 12 décembre 1840.—*J. M. offic.*, 1er sem. 1841, page 689.)
2 08 3	2 77 7	0 69 4	1 38 8	Idem.
1 66 6	2 22 2	0 55 5	1 11 1	Idem.
0 75 0	1 00 0	0 25 0	0 60 0	Idem.

arme, reçoivent la solde des officiers de leur grade et de leur classe dans les régiments d'artillerie.

SOLDE ET REVUES.

(N° 6*.) ÉCOLE D'ARTILLERIE

GRADES.	SOLDE DE PRÉSENCE,		
	par an.	par mois.	par jour.
	f.	f. c.	f. c.
Examinateur des élèves de l'artillerie et du génie..............	4,000	333 33 3	11 11 1
ÉCOLE D'APPLICATION.			
Officiers de l'état-major...........................	.....	....	....
Professeur militaire............................	.....	....	....
Élève sous-lieutenant............................	1,450	120 83 3	4 02 7
ÉCOLES D'ARTILLERIE.			
Commandant..................................	.....	....	....
Professeur de.. { sciences appliquées. { avant 10 ans d'exercice......	3,600	300 00 0	10 00 0
après 10 ans................	3,960	330 00 0	11 00 0
après 15 ans................	4,320	360 00 0	12 00 0
après 20 ans................	4,500	375 00 0	12 50 0
{ dessin .... { avant 10 ans................	2,500	208 33 3	6 94 4
après 10 ans................	2,750	229 16 6	7 63 8
après 15 ans................	3,000	250 00 0	8 33 3
après 20 ans................	3,200	266 66 6	8 88 8
Répétiteur des sciences appliquées.. { avant 10 ans d'exercice......	1,800	150 00 0	5 00 0
après 10 ans................	1,980	165 00 0	5 50 0
après 15 ans................	2,160	180 00 0	6 00 0
après 20 ans................	2,250	187 50 0	6 25 0
ÉCOLES DU GÉNIE.			
Commandant..................................	.....	....	....
Professeurs de................... { sciences appliquées...........	.....	....	....
{ dessin...........	.....	....	....
Professeur de grammaire et d'écriture { avant 10 ans d'exercice......	1,800	150 00 0	5 00 0
après 10 ans................	2,100	175 00 0	5 83 3
après 15 ans................	2,300	191 66 6	6 38 8
après 20 ans................	2,500	208 33 3	6 94 4

(N° 7.) AUMONIERS DES

DÉSIGNATION DE L'EMPLOI, PAR CLASSES.	SOLDE DE PRÉSENCE SUR LE PIED DE PAIX,		
	par an.	par mois.	par jour.
	f. c.	f. c.	f. c.
Aumôniers.......... { de 1re classe............	1,500 00 0	125 00 0	4 16 6
de 2e classe............	1,200 00 0	100 00 0	3 33 3
de 3e classe............	800 00 0	66 66 6	2 22 2
de 4e classe............	600 00 0	50 00 0	1 66 6
de 5e classe............	400 00 0	33 33 3	1 11 1

* N° 6 du tarif de l'ordonnance du 5 décembre 1840.

ET DU GÉNIE.

SOLDE D'ABSENCE, PAR JOUR,			SUPPLÉMENT de solde dans Paris, par jour.	OBSERVATIONS.
en congé.	à l'hôpital.	à l'hôpital, étant en congé avec solde.		
f. c.	f. c.	f. c.	f. c.	A titre d'indemnité de fonctions.
....	....	....	....	La solde du grade avec le tiers en sus.
....	....	....	....	La solde de la 1re classe de leur grade et de leur arme avec le supplément du tiers, pour les journées de présence dans l'établissement (*J. M. offic.*, 2e sem. 1843, p. 227 et 239.)
..+........	....	....	....	
....	....	....	....	
....	....	....	....	La solde de son grade.
5 00 0	6 66 6	1 66 6	2 00 0	
5 50 0	7 33 3	1 83 3	2 20 0	
6 00 0	8 00 0	2 00 0	2 40 0	
6 25 0	8 33 5	2 08 5	2 50 0	
3 47 2	4 63 0	1 15 8	1 73 6	
3 81 9	5 09 2	1 27 3	1 91 0	
4 16 6	5 55 5	1 38 8	2 08 3	
4 44 4	5 92 6	1 48 2	2 22 2	
2 50 0	3 33 3	0 83 3	1 66 6	
2 75 0	3 66 6	0 91 6	1 83 3	
3 00 0	4 00 0	1 00 0	2 00 0	
3 12 5	4 16 6	1 04 2	2 08 3	
....	....	....	....	La solde de son grade.
....	....	....	....	Traités comme ceux des écoles d'artillerie.
2 50 0	3 33 3	0 83 3	1 66 6	
2 91 6	3 88 8	0 97 5	1 94 4	
3 19 4	4 26 0	1 06 5	2 12 9	
3 47 2	4 63 0	1 15 8	2 31 5	

HOPITAUX MILITAIRES.

SOLDE D'ABSENCE, PAR JOUR,			OBSERVATIONS.
en congé.	à l'hôpital.	à l'hôpital étant en congé avec solde.	
f. c.	f. c.	f. c.	
2 08 3	2 16 6	0 08 3	La solde des aumôniers attachés aux hôpitaux de Paris est réglée par décisions spéciales.
1 66 6	1 83 3	0 16 6	
1 11 1	0 97 2	....	
0 83 3	0 41 6	....	
0 55 5	....	....	

(N° 8.) OFFICIERS DE SANTÉ MILITAIRES.

GRADES.	SOLDE DE PRÉSENCE — SUR LE PIED DE PAIX — par an.	par mois.	par jour.	SUR LE PIED DE GUERRE (a) — par an.	par mois.	par jour.	SOLDE D'ABSENCE, PAR JOUR — en congé et en captivité.	à l'hôpital.	à l'hôpital étant en congé avec solde.	SUPPLÉMENT de solde dans Paris, par jour.	SOLDE SPÉCIALE EN AFRIQUE — SOLDE DE PRÉSENCE par an.	mois.	jour.	SOLDE D'ABSENCE par jour — en congé et en captivité.	à l'hôpital.	à l'hôpital en congé avec solde.
	f.	f. c.	f. c.	f.	f. c.	f. c.	f. c.	f. c.	f. c.	f. c.	f.	f. c.	f. c.	f. c.	f. c.	f. c.
Médecin, chirurgien, pharmacien, inspecteur.	8,500	708 33 3	23 61 1	»	»	»	11 80 5	20 61 1	8 80 5	»	»	»	»	»	»	»
Médecin, chirurgien et pharmacien principal de — 1re classe.	4,500	375 00 0	12 50 0	6,750	562 50	18 75	6 25	9 50 0	3 25 0	2 50 0	6,450	557 50	17 91 6	6 25 0	9 50 0	5 25 0
Médecin, chirurgien et pharmacien principal de — 2e classe.	4,000	333 33 3	11 11 1	6,000	500 00	16 66 6	5 55 5	8 11 1	2 55 5	2 22 2	5,700	473 00	15 83 3	5 55 5	8 11 1	2 55 5
Médecin ordinaire, chirurgien et pharmacien-major de — 1re classe.	3,000	250 00 0	8 33 3	4,500	375 00	12 50 0	4 16 6	6 33 3	2 16 6	2 08 3	4,320	360 00	12 00 0	4 16 6	6 33 3	2 16 6
Médecin ordinaire, chirurgien et pharmacien-major de — 2e classe.	2,500	208 33 3	6 94 4	3,750	312 50	10 41 6	3 47 2	4 94 4	1 47 2	1 73 6	3,570	297 50	9 91 6	3 47 2	4 94 4	1 47 2
Médecin-adjoint.	2,050	170 83 3	5 69 4	3,075	256 25	8 54 1	2 84 7	4 19 4	1 34 7	1 89 8	2,895	241 25	8 04 1	2 84 7	4 19 4	1 34 7
Chirurgien et pharmacien-aide-major de — 1re classe.	2,050	170 83 3	5 69 4	3,075	256 25	8 54 1	2 84 7	4 19 4	1 34 7	1 89 8	2,895	241 25	8 04 1	2 84 7	4 19 4	1 34 7
Chirurgien et pharmacien-aide-major de — 2e classe.	1,850	154 16 6	5 13 8	2,775	231 25	7 70 8	2 56 9	3 63 8	1 06 9	1 71 2	2,595	216 25	7 20 8	2 56 9	3 63 8	1 06 9
Chirurgien et pharmacien-aide-major commissionné.	1,850	154 16 6	5 13 8	»	»	»	2 56 9	3 63 8	1 06 9	1 74 2	2,595	216 25	7 20 8	2 56 9	3 63 8	1 06 9
Chirurgien sous-aide.	1,350	112 50 0	3 75 0	2,025	168 75	5 62 5	1 87 5	2 50 0	0 62 5	1 25 0	1,845	153 73	5 12 5	1 87 5	2 50 0	0 62 5
Chirurgien sous-aide auxiliaire.	1,350	112 50 0	3 75 0	2,025	168 75	5 62 5	1 87 5	2 50 0	0 62 5	1 25 0	1,845	153 75	5 12 5	1 87 5	2 50 0	0 62 5
Médecin, chirurgien et pharmacien, professeurs.	La solde de leur grade et de leur classe. Le 1er professeur reçoit un supplément de solde de 1,000 f. par an; le professeur reçoit un supplément de solde de 600 fr. par an. Ces suppléments se décomptent avec la solde du grade pour les journées de présence seulement; mais ils sont fixes et ne sont pas susceptibles d'augmentation dans Paris.															

(a) La solde sur le pied de guerre est pour les officiers de santé des hôpitaux et ambulances seulement.

Les élèves de 2e division sont traités gratuitement dans les hôpitaux militaires, lorsqu'ils tombent malades dans l'exercice de leurs fonctions; mais les élèves de 1re division et ceux de l'hôpital de perfectionnement subissent, sur la subvention qui leur est allouée, une retenue de 1 f. par journée d'hôpital. Les officiers de santé attachés aux différentes écoles militaires ont droit, pour les journées de présence dans ces établissements, à la solde de leur classe, avec le supplément du tiers.

Il est accordé une subvention annuelle de 400 fr. aux élèves de 1re division des hôpitaux d'instruction, et de 600 fr. aux élèves de l'hôpital de perfectionnement.

Les chirurgiens aides-majors et les pharmaciens aides-majors commissionnés, ainsi que les chirurgiens sous-aides auxiliaires licenciés, reçoivent une gratification d'un mois de solde, pied de paix, sans accessoires pour une année de service accomplie. Cette indemnité ne peut excéder six mois de solde.

NOTA. Ce tableau a été rectifié conformément à ceux insérés au *Journal Militaire officiel*, 2e semestre 1841, approuvés par le roi, pages 312, 313 et 437. Ce tarif porte également le n° 8 de l'ordonnance du 5 décembre 1840.

(N° 9 *.) OFFICIERS D'ADMINISTRATION DES HOPITAUX,
DES SUBSISTANCES-MILITAIRES, DE L'HABILLEMENT ET DU CAMPEMENT.

GRADES ET EMPLOIS:	SOLDE DE PRÉSENCE — SUR LE PIED DE PAIX, par an.	par mois.	par jour.	SUR LE PIED DE GUERRE, par an.	par mois.	par jour.	SOLDE D'ABSENCE, PAR JOUR — en congé et en captivité	à l'hôpital	à l'hôpital étant en congé avec solde.	SUPPLÉMENT de solde dans Paris, par jour.	SOLDE DE DISPONIBILITÉ — par an.	par mois.	par jour.	OBSERVATIONS.
	f.	f. c.	f. c.	f.	f. c.	f. c.	f. c.	f. c.	f. c.	f. c.	f.	f. c.	f. c.	
Officier d'administration principal...........	4,000	333 33 3	11 11 1	6,000	500 00	16 66 6	5 55 5	8 11 1	2 33 3	2 22 2	2,360	196 66 6	6 55 5	Les sous-officiers admis comme élèves d'administration reçoivent, au titre du corps dont ils sont détachés, la solde de leur grade, avec un supplément de 40 c. par journée de présence. Ce supplément leur est alloué à dater du lendemain de leur arrivée à destination.
Officier d'administration comptable — de 1re classe.	2,400	200 00 0	6 66 6	3,600	300 00	10 00 0	3 55 3	4 66 6	1 33 3	1 66 6	1,380	113 00 0	3 83 3	
Officier d'administration comptable — de 2e classe..	2,200	183 33 3	6 11 1	3,300	275 00	9 16 6	3 05 3	4 11 1	1 05 5	1 32 8	1,280	106 66 6	3 55 5	
Adjudant d'administration — en premier ..	1,700	141 66 6	4 72 2	2,550	212 50	7 08 3	2 56 1	3 22 2	0 86 1	1 57 4	970	80 83 3	2 69 4	
Adjudant d'administration — en second ...	1,200	100 00 0	3 33 3	1,800	150 00	5 00 0	1 66 6	2 08 3	0 41 6	1 11 1	720	60 00 0	2 00 0	
ALGÉRIE.														
Officier d'administration principal...........	......	......	......	5,700	475 00	15 83 3	3 55 3	8 11 1	2 33 3	......	......	......	......	
Officier d'administration comptable — de 1re classe.	......	......	......	3,420	285 00	9 50 0	3 55 3	4 66 6	1 33 3	......	......	......	......	
Officier d'administration comptable — de 2e classe..	......	......	......	3,120	260 00	8 66 6	3 05 3	4 11 1	1 05 3	......	......	......	......	
Adjudant d'administration — en premier ..	......	......	......	2,370	197 50	6 58 3	2 56 1	3 22 2	0 86 1	......	......	......	......	
Adjudant d'administration — en second ...	......	......	......	1,620	135 00	4 50 0	1 66 6	2 08 3	0 41 6	......	......	......	......	

(*) N° 9 des tarifs de l'ordonnance du 5 décembre 18[illegible]

(N° 10 *.) COMMIS ENTRETENUS DES BUREAUX

CLASSES.	SOLDE DE PRÉSENCE,					
	SUR LE PIED DE PAIX,			SUR LE PIED DE GUERRE,		
	par an.	par mois.	par jour.	par an.	par mois.	par jour.
	f.	f. c.	f. c.	f.	f. c.	f. c.
Commis entretenus de 1re classe...	1,800	150 00 0	5 00 0	2,700	225 00	7 50 0
Commis entretenus de 2e classe....	1,500	125 00 0	4 16 6	2,250	187 50	6 25 0
Commis entretenus de 3e classe ...	1,200	100 00 0	3 33 3	1,800	150 00	5 00 0

(*) N° 10 des tarifs de l'ordonnance du 5 décembre 1840.

(N° 11.) VÉTÉRI

GRADES.	TEMPS DU SERVICE.	SOLDE DE PRÉSENCE,			
		par an.	par mois.	PAR JOUR,	
				en station ou en campagne.	en marché avec la troupe.
		f. c.	f. c.	f. c.	f. c.
Vétérinaire principal.........................		2,500	208 33 3	6 94 4	0 0 0
Vétérinaire en premier.........................		1,800	150 00 0	5 00 0	7 50 0
Aide-Vétérinaire.........................		1,400	116 66 6	3 88 8	5 38 8
Sous-Aide-Vétérinaire.........................		1,200	100 00 0	3 33 3	4 83 3

NOTA. Le tarif ci-dessus des Vétérinaires a été rectifié conformément à celui inséré à la suite de *Militaire officiel*, 1er semestre 1843, page 86). Ce tarif porte également le n° 11 de l'ordonnance du 5

DE L'INTENDANCE MILITAIRE.

SOLDE D'ABSENCE, PAR JOUR,			SUPPLÉMENT de solde dans Paris, par jour.	OBSERVATIONS.
en congé et en captivité	à l'hôpital.	à l'hôpital, étant en congé avec solde.		
f. c.	f. c.	f. c.	f. c.	
2 50 0	3 33 3	0 83 3	1 66 6	
2 08 3	2 77 7	0 69 4	1 38 8	
1 66 6	2 22 2	0 55 5	1 11 1	

NAIRES.

SOLDE D'ABSENCE, PAR JOUR,			SUPPLÉMENT de solde dans Paris, par jour.	OBSERVATIONS.
en congé.	à l'hôpital.	à l'hôpital, étant en congé avec solde.		
f. c.	f. c.	f. c.	f. c.	
3 47 2	4 94 4	1 47 2	1 73 6	Sur le pied de guerre, le traitement des vétérinaires principaux, pourvus des fonctions de vétérinaires en chef, est fixé par une décision spéciale.
2 50 0	3 50 0	1 00 0	1 25 0	
1 94 4	2 58 3	0 64 8	1 20 6	
1 66 6	2 22 2	0 55 5	1 11 1	

l'ordonnance du roi, du 18 mars 1843, portant fixation du cadre constitutif des Vétérinaires. (*Journal*
décembre 1840.

(N° 12 *.) **INFANTERIE DE**

OFFI

GRADES.	SOLDE DE PRÉSENCE,			
			PAR	
	PAR AN.	PAR MOIS.	en station ou en campagne.	en marche en corps ou en détachement
	f. c.	f. c.	f. c.	f. c.
ÉTAT-MAJOR.. Colonel.................	5,000	416 66 6	15 88 8	18 88 8
Lieutenant-colonel.........	4,300	358 33 3	11 94 4	16 94 4
Chef de bataillon et major...	3,600	300 00 0	10 00 0	14 00 0
Adjudant-major............. Trésorier.............. Officier d'habillement.......	2,000	166 66 6	5 55 5	8 55 5
Officier adjoint au trésorier. Porte-drapeau...........	1,400	116 66 6	3 88 8	6 38 8
Chirurgien { major........ aide-major	....	....	....	....
COMPAGNIES. Capitaine.. { de 1re classe ..	2,400	200 00 0	6 66 6	9 66 6
{ de 2e classe....	2,000	166 66 6	5 55 5	8 55 5
Lieutenant { de 1re classe...	1,600	133 33 3	4 44 4	6 94 4
{ de 2e classe ...	1,450	120 83 3	4 02 7	6 52 7
Sous-lieutenant..........	1,350	112 50 0	3 75 0	6 25 0

SOUS-OFFICIERS

GRADES.	SOLDE DE PRÉSENCE, PAR JOUR,		
	avec vivres de campagne ou sans vivres	en station, avec le pain seulement.	en marche, en corps, avec le pain.
	f. c.	f. c.	f. c.
PETIT ÉTAT-MAJOR. Adjudant sous-officier..............	1 88 0	2 03 0	2 88 0
Tambour-major.....................	0 98 0	1 13 0	1 38 0
Caporal-tambour	0 53 0	0 68 0	0 78 0
Caporal-sapeur....................	0 46 0	0 61 0	0 71 0
Sapeur...........................	0 50 0	0 43 0	0 55 0
Musicien-soldat...................	....	0 75 0	0 95 0
Maître { armurier..................	0 60 0	0 75 0	0 95 0
{ tailleur, cordonnier........	0 25 0	0 40 0	0 50 0

(*) N° 12 des tarifs de l'ordonnance du 5 décembre 1810.

LIGNE ET LÉGÈRE.

...CIERS.

JOUR. Supplément de solde dans Paris.	SOLDE D'ABSENCE, PAR JOUR,				OBSERVATIONS.
	en semestre ou en congé.	à l'hôpital.	à l'hôpital, étant en semestre ou en congé avec solde.	en captivité.	
f. c.	f. c.	f. c.	f. c.	f. c.	
2 77 7	6 94 4	10 88 8	3 94 4	6 94 4	(A) La moitié de la solde affectée à la dernière classe du grade.
2 38 8	5 97 2	8 94 4	2 97 2	5 97 2	
2 00 0	5 00 0	7 00 0	2 00 0	5 00 0	
1 38 8	2 77 7	3 55 5	0 77 7	(A)	Ou la solde de capitaine de 1re classe, s'ils y ont droit par leur ancienneté dans ce grade.
...	...	...	...	...	La solde de son grade et de sa classe.
1 29 6	1 94 4	2 38 8	0 44 4	(A)	
...	...	...	...	...	Voir ci-dessus le tableau n° 8.
...	...	...	...	...	
1 66 6	3 33 3	4 66 6	1 33 3	2 77 7	
1 38 8	2 77 7	3 55 5	0 77 7	2 77 7	
1 48 1	2 22 2	2 94 4	0 72 2	2 01 3	
1 34 2	2 01 3	2 52 7	0 51 3	2 01 3	
1 25 0	1 87 5	2 50 0	0 62 5	1 87 5	

ET SOLDATS.

supplément de solde dans Paris.	SOLDE D'ABSENCE, PAR JOUR,			OBSERVATIONS.
	en semestre ou en congé.	à l'hôpital.	à l'hôpital, étant en semestre ou en congé avec solde.	
f. c.	f. c.	f. c.	f. c.	
0 54 0	0 80 0	0 53 3	0 26 6	
0 22 0	0 50 0	...	...	
0 12 5	0 12 5	0 10 0	...	
0 13 0	0 13 0	...	...	
0 07 5	0 07 5	...	...	La solde de fusilier.
...	...	...	...	
0 14 8	0 21 0	...	...	Voir le 4e § des observations générales qui précèdent le tarif.
0 03 0	0 03 0	...	...	

(Suite du N° 12.)   *Suite des* SOUS-OFFICIERS

GRADES.		SOLDE DE PRÉSENCE PAR JOUR,		
		avec vivres de campagne ou sans vivres	en station, avec le pain seulement.	en marche en corps avec le pain.
		f. c.	f. c.	f. c.
COMPAGNIES D'ÉLITE..	Sergent-major	1 05 0	1 18 0	1 43 0
	Sergent et fourrier	0 70 0	0 83 0	1 03 0
	Caporal	0 46 0	0 61 0	0 71 0
	Grenadier ou voltigeur	0 30 0	0 43 0	0 55 0
	Tambour ou clairon	0 40 0	0 55 0	0 65 0
COMPAGNIES DU CENTRE	Sergent-major	0 98 0	1 13 0	1 38 0
	Sergent et fourrier	0 60 0	0 75 0	0 95 0
	Caporal	0 41 0	0 56 0	0 66 0
	Fusilier ou chasseur	0 25 0	0 40 0	0 50 0
	Tambour ou clairon	0 35 0	0 50 0	0 60 0
ENFANT DE TROUPE...	avant l'âge de 14 ans	....	0 25 0	0 45 0
	à l'âge de 14 ans	0 25 0	0 40 0	0 50 0

(N° 13 *.) **BATAILLONS DE**

OFFI

GRADES.		SOLDE DE PRÉSENCE			
		PAR AN.	PAR MOIS.	PAR en station ou en campagne.	en marche en corps ou en détachement
		f.	f. c.	f. c.	f. c.
ÉTAT-MAJOR.	Chef de bataillon	3,600	300 00 0	10 00 0	14 00 0
	Capitaine faisant fonctions de major..				
	Capitaine adjudant-major				
	Lieutenant ou sous-lieutenant faisant fonctions de trésorier	2,000	166 66 6	5 55 5	8 55 5
	Lieutenant ou sous-lieutenant faisant fonctions d'officier d'habillement...				
	Lieutenant ou sous-lieutenant instructeur du tir	....	....	....	....
	Chirurgien aide-major	....	....	....	....
COMPAGNIES	Capitaine de 1re classe	2,400	200 00 0	6 66 6	9 66 6
	Capitaine de 2e classe	2,000	166 66 6	5 55 5	8 55 5
	Lieutenant de 1re classe	1,600	133 33 3	4 44 4	6 94 4
	Lieutenant de 2e classe	1,450	120 83 3	4 02 7	6 52 7
	Sous-lieutenant	1,350	112 50 0	3 75 0	6 25 0

(*) N° 13 des tarifs de l'ordonnance du 5 décembre 1840, sous l'ancienne dénomination de bataillons de

(b) Le roi a décidé, le 17 janvier 1841, qu'à dater du 1er du même mois un supplément, fixé au quart de la pour les journées de présence en fonctions.

ET SOLDATS.

Supplément de solde dans Paris.	SOLDE D'ABSENCE, PAR JOUR,			OBSERVATIONS.
	en semestre ou en congé.	à l'hôpital.	à l'hôpital, étant en semestre ou en congé avec solde.	
f. c.	f. c.	f. c.		
0 24 0	0 32 5	....	....	
0 18 8	0 26 0	....	....	
0 15 0	0 15 0	....	....	
0 07 5	0 07 5	....	....	
0 07 5	0 70 5	0 10 0	....	
0 22 0	0 30 0	....	....	
0 14 8	0 21 0	....	....	
0 12 5	0 12 5	....	....	
0 05 0	0 05 0	....	....	
0 05 0	0 05 0	0 10 0	....	
0 07 5	....	....	....	
0 05 0	....	....	....	Ou la solde de tambour, s'il en fait titulairement le service.

CHASSEURS D'ORLÉANS

CIERS.

Supplément de solde dans Paris.	SOLDE D'ABSENCE, PAR JOUR,				OBSERVATIONS.
JOUR,	en semestre ou en congé.	à l'hôpital.	à l'hôpital, étant en semestre ou en congé avec solde.	en captivité	
f. c.	f. c.	f. c.	f. c.	f. c.	
2 00 0	5 00 0	7 00 0	2 00 0	5 00 0	(A) La moitié de la solde affectée à la dernière classe du grade.
1 38 8	2 77 7	3 55 5	0 77 7	(A)	Ou la solde de capitaine de 1re classe, s'ils y ont droit par leur ancienneté dans ce grade.
....	....	....	....	....	La solde de son grade et de sa classe (B).
....	....	....	....	....	Voir le tableau n° 8 ci-dessus
1 66 6	3 33 3	4 66 6	1 33 3	2 77 7	
1 38 8	2 77 7	3 55 5	0 77 7	2 77 7	
1 48 1	2 22 2	2 94 4	0 72 2	2 01 3	
1 34 2	2 01 3	2 52 7	0 51 3	2 01 3	
1 25 0	1 87 5	2 50 0	0 62 5	1 87 5	

chasseurs à pied.

solde de leur grade, serait alloué aux lieutenants et sous-lieutenants instructeurs du tir des bataillons de chasseurs

(Suite du N° 13.)   SOUS-OFFICIERS

GRADES.	avec vivres de campagne ou sans vivres.	en station avec le pain seulement.	en marche en corps avec le pain.	Supplément de solde dans Paris.
	SOLDE DE PRÉSENCE, PAR JOUR,			
	f. c.	f. c.	f. c.	f. c.
Petit état-major — Adjudant sous-officier..............	1 88 0	2 03 0	2 88 0	0 54 0
Sergent-clairon.....................	0 60 0	0 75 0	0 93 0	0 14 8
Caporal-clairon.....................	0 53 0	0 68 0	0 78 0	0 12 5
Maître { armurier.....................	0 60 0	0 75 0	0 93 0	0 14 8
{ tailleur, cordonnier..........	0 25 0	0 40 0	0 50 0	0 03 0
Compagnies — Sergent-major.... { de 1re classe	1 03 0	1 18 0	1 43 0	0 24 0
{ de 2e classe......	0 98 0	1 13 0	1 38 0	0 22 0
Sergent et fourrier { de 1re classe.....	0 70 0	0 85 0	1 05 0	0 18 8
{ de 2e classe......	0 60 0	0 75 0	0 93 0	0 14 8
Caporal.......... { de 1re classe.....	0 46 0	0 61 0	0 71 0	0 15 0
{ de 2e classe......	0 41 0	0 56 0	0 66 0	0 12 5
Chasseur........ { de 1re classe....	0 30 0	0 45 0	0 55 0	0 07 5
{ de 2e classe.......	0 25 0	0 40 0	0 50 0	0 03 0
Clairon.......... { de 1re classe.....	0 40 0	0 55 0	0 63 0	0 07 5
{ de 2e classe.....	0 35 0	0 50 0	0 60 0	0 03 0
Enfants de troupe { avant l'âge de 14 ans.....	....	0 25 0	0 45 0	0 07 5
{ à l'âge de 14 ans........	0 25 0	0 40 0	0 50 0	0 03 0

(N° 14 *.) BATAILLON D'OUVRIERS

OFFI

GRADES.	PAR AN.	PAR MOIS.	en station ou en campagne.	en marche en corps ou en détachement.	supplément de solde dans Paris.
	SOLDE DE PRÉSENCE,		PAR JOUR,		
	f.	f. c.	f. c.	f. c.	f. c.
État-major — Chef de bataillon commandant...................	4,500	375 00 0	12 50 0	16 50 0	2 50 0
Adjudant-major..........					
Trésorier................	2,000	166 66 6	5 55 5	8 55 5	1 38 8
Officier d'habillement......					
Chirurgien aide-major	....	....	....	....	....
Compagnies — Capitaine.. { en premier....	2,500	208 33 3	6 94 4	9 94 4	1 73 6
{ en second. ...	2,000	166 66 6	5 55 5	8 55 5	1 38 8
Lieutenant { en premier....	1,850	154 16 6	5 13 8	7 63 8	1 71 2
{ en second.....	1,650	137 50 0	4 58 3	7 08 3	1 52 7
Sous-lieutenant	1,600	133 33 3	4 44 4	6 94 4	1 48 1

(*) N° 14 des tarifs de l'ordonnance du 3 décembre 1819.

ET SOLDATS.

SOLDE D'ABSENCE, PAR JOUR,			OBSERVATIONS.
en semestre ou en congé.	à l'hôpital.	à l'hôpital, étant en semestre ou en congé avec solde.	
f. c.	f. c.	f. c.	
0 80 0	0 53 3	0 26 6	NOTA. Les sous-officiers, caporaux et soldats de la section hors rang n'ont droit qu'à la solde fixée pour la 2e classe.
0 21 0	....	....	
0 12 5	0 10 0	....	
0 21 0	....	....	Voir le 4° § des observations générales qui précèdent le tarif.
0 03 0	....	....	
0 32 5	....	....	
0 30 0	....	....	
0 26 0	....	....	
0 21 0	....	....	
0 15 0	....	....	
0 12 5	....	....	
0 07 5	....	....	
0 03 0	....	....	
0 07 5	0 10 0	....	
0 05 0	0 10 0	....	
....	....	....	
....	....	....	Ou la solde de clairon, s'il en fait titulairement le service.

D'ADMINISTRATION.

CIERS.

SOLDE D'ABSENCE, PAR JOUR,				OBSERVATIONS.
en semestre ou en congé.	à l'hôpital.	à l'hôpital, étant en semestre ou en congé avec solde.	en captivité.	
f. c.	f. c.	f. c.	f. c.	
6 25 0	9 50 0	3 25 5	6 25 0	
2 77 7	3 55 5	0 77 7	(A)	Ou la solde de capitaine en premier, s'ils sont pourvus de ce grade.
....	....	....	....	Voir le tableau n° 8.
3 47 2	4 94 4	1 47 2	3 47 2	
2 77 7	3 55 5	0 77 7	2 77 7	
2 56 9	3 63 8	1 06 9	2 56 9	
2 29 1	3 08 3	0 79 1	2 29 1	(A) La moitié de la solde du grade et de la classe.
2 22 2	3 19 4	0 97 2	2 22 2	

(Suite du n° 14.) **SOUS-OFFICIERS**

GRADES.	avec vivres de campagne ou sans vivres.	en station avec le pain.
	SOLDE DE PAR	
	f. c.	f. c.
Petit état-major. Adjudant sous-officier....................................	2 90 0	3 05 0
Caporal-tambour.....................................	0 79 0	0 94 0
Maître .... armurier	0 96 0	1 11 0
tailleur, cordonnier..............	0 27 0	0 42 0
Compagnies .... Sergent-major...................................	1 97 0	2 12 0
Sergent et fourrier.....................................	0 96 0	1 11 0
Caporal .... brigadier principal des subsistances. romainier des vivres-viande .... Chef-ouvrier du campement........	0 84 0	0 99 0
Maître .... maçon .... charpentier....................... serrurier	0 79 0	0 94 0
Soldat de 1re classe Maçon, charpentier.............. Menuisier, tonnelier............. Serrurier, coutelier .... Brigadier-boulanger, boucher.......	0 68 0	0 83 0
Soldat de 2e classe Boulanger-pétrisseur............. Toucheur, botteleur .... Ouvrier de magasin..............	0 53 0	0 68 0
Tambour....................................	0 41 0	0 56 0
Enfant de troupe .. avant l'âge de 14 ans	....	0 34 0
à l'âge de 14 ans.................	0 31 0	0 46 0

ET SOLDATS.

PRÉSENCE, JOUR,		SOLDE D'ABSENCE, PAR JOUR,			OBSERVATIONS.
en marche en corps avec le pain.	supplément de solde dans Paris.	en semestre ou en congé.	à l'hôpital.	à l'hôpital, étant en semestre ou en congé avec solde.	
f. c.	f. c.	f. c.	f. c.	f. c.	
3 90 0	0 94 8	1 31 0	0 87 3	0 43 6	
1 04 0	0 25 5	0 25 0	0 10 0	»	
1 31 0	0 29 2	0 39 0	»	»	
0 52 0	0 06 0	0 06 0	....	....	Voir le 4e § des observations générales qui précèdent le tarif.
2 37 0	0 61 6	0 79 5	»	»	
1 31 0	0 29 2	0 39 0	»	»	
1 09 0	0 34 0	0 34 0	»	»	
1 04 0	0 31 5	0 31 5	»	»	
0 93 0	0 26 5	0 26 5	»	»	
0 78 0	0 19 0	0 19 0	»	»	
0 66 0	0 08 0	0 08 0	0 10 0	»	
0 54 0	0 12 0	»	»	»	
0 56 0	0 08 0	»	»	....	Ou la solde de tambour, s'il en fait titulairement le service.

(N° 15 *.) **BATAILLONS D'INFANTERIE**

OFFI

GRADES.	SOLDE DE PRÉSENCE.		PAR JOUR.	
	par an.	par mois.	en station ou en campa-gne.	en marche en corps ou en détache-ment (1).
État-major.				
Chef de bataillon. Pendant la 1re année de service dans le même grade au bataillon	3,600f	300f 00c 0	10f 00c 0	14f 00c 0
Après la 1re année, id	3,675	306 25 0	10 20 8	14 20 8
Après la 2e année, id	3,750	312 50 0	10 41 6	14 41 6
Après la 3e année, id	3,825	318 75 0	10 62 5	14 62 5
Après la 4e année, id	3,900	325 00 0	10 83 3	14 83 3
Après la 5e année, id	3,975	331 25 0	11 04 1	15 04 1
Après la 6e année, id	4,050	337 50 0	11 25 0	15 25 0
Après la 7e année, id	4,125	343 75 0	11 45 8	15 45 8
Après la 8e année, id	4,200	350 00 0	11 66 6	15 66 6
Capitaine-major				
Adjudant-major				
Trésorier				
Officier d'habillement				
Chirurgien-major				
Chirurgien aide-major				
Compagnies.				
Capitaine de 1re cl. Pendant la 1re année de service dans le même grade au bataillon	2,400	200 00 0	6 66 6	9 66 6
Après la 1re année, id	2,475	206 25 0	6 87 5	9 87 5
Après la 2e année, id	2,550	212 50 0	7 08 3	10 08 3
Après la 3e année, id	2,625	218 75 0	7 29 2	10 29 2
Après la 4e année, id	2,700	225 00 0	7 50 0	10 50 0
Après la 5e année, id	2,775	231 25 0	7 70 8	10 70 8
Après la 6e année, id	2,850	237 50 0	7 91 6	10 91 6
Après la 7e année, id	2,925	243 75 0	8 12 5	11 12 5
Après la 8e année, id	3,000	250 00 0	8 33 3	11 33 3
Capitaine de 2e cl. Pendant la 1re année de service dans le même grade au bataillon	2,000	166 66 8	5 33 3	8 33 3
Après la 1re année, id	2,075	172 91 6	5 76 3	8 76 3
Après la 2e année, id	2,150	179 16 6	5 97 2	8 97 2
Après la 3e année, id	2,225	185 41 6	6 18 0	9 18 0
Après la 4e année, id	2,300	191 66 6	6 38 8	9 38 8
Après la 5e année, id	2,375	197 91 6	6 59 7	9 59 7
Après la 6e année, id	2,450	204 16 6	6 80 5	9 80 5
Après la 7e année, id	2,525	210 41 6	7 01 3	10 01 3
Après la 8e année, id	2,600	216 66 6	7 22 2	10 22 2
Lieutenant de 1re cl. Pendant la 1re année de service dans le même grade au bataillon	1,600	133 33 3	4 44 4	6 94 4
Après la 1re année, id	1,650	137 50 0	4 58 3	7 08 3
Après la 2e année, id	1,700	141 66 6	4 72 2	7 22 2
Après la 3e année, id	1,750	145 83 3	4 86 1	7 36 1
Après la 4e année, id	1,800	150 00 0	5 00 0	7 50 0
Après la 5e année, id	1,850	154 16 6	5 13 8	7 63 8
Après la 6e année, id	1,900	158 33 3	5 27 7	7 77 7
Après la 7e année, id	1,950	162 50 0	5 41 6	7 91 6
Après la 8e année, id	2,000	166 66 6	5 55 5	8 05 5
Lieutenant de 2e cl. Pendant la 1re année de service dans le même grade au bataillon	1,450	120 83 3	4 02 7	6 52 7
Après la 1re année, id	1,500	125 00 0	4 16 6	6 66 6
Après la 2e année, id	1,550	129 16 6	4 30 5	6 80 5
Après la 3e année, id	1,600	133 33 3	4 44 4	6 94 4
Après la 4e année, id	1,650	137 50 0	4 58 3	7 08 3
Après la 5e année, id	1,700	141 66 6	4 72 2	7 22 2
Après la 6e année, id	1,750	145 83 3	4 86 1	7 36 1
Après la 7e année, id	1,800	150 00 0	5 00 0	7 50 0
Après la 8e année, id	1,850	154 16 6	5 13 8	7 63 8

(*) N° 15 des tarifs de l'ordonnance du 5 décembre 1840.
(1) Les fixations portées dans cette colonne ne seraient applicables que dans la position éventuelle de marche dans

LÉGÈRE D'AFRIQUE.
CIERS.

SOLDE D'ABSENCE, PAR JOUR,				OBSERVATIONS.
en congé.	à l'hôpital.	à l'hôpital, étant en congé avec solde.	en captivité.	
5f 00c 0	7f 00c 0	2f 00c 0		(A) La moitié de la solde affectée à la dernière classe du grade.
5 10 4	7 20 8	2 10 4		
5 20 8	7 41 6	2 20 8		
5 31 2	7 62 5	2 31 2		
5 41 6	7 83 3	2 41 6	5f 00c 0	
5 52 0	8 04 1	2 52 0		
5 62 5	8 25 0	2 62 5		
5 73 0	9 45 8	2 73 0		
5 83 3	8 66 6	2 83 3		
....	....	....	....	La solde de capitaine, selon sa classe.
....	....	....	(A)	La solde de capitaine de 2e classe, ou celle de la 1re classe, s'il y ont droit par leur ancienneté dans ce grade.
....	....	....	....	Voir le tableau n° 8.
....	....	....	....	
3 33 3	4 66 6	1 33 3		
3 48 7	4 87 5	1 48 7		
3 54 1	5 08 3	1 54 1		
3 64 6	5 29 2	1 64 6		
3 75 0	5 50 0	1 75 0	2 77 7	
3 85 4	5 70 8	1 85 4		
3 95 8	5 91 6	1 95 8		
4 06 2	6 12 5	2 06 2		
4 16 6	6 33 3	2 16 6		
2 77 7	3 55 5	0 77 7		
2 88 1	3 76 3	0 88 1		
2 98 6	3 97 2	0 98 6		
3 09 0	4 18 0	1 09 0		
3 19 4	4 38 8	1 19 4	2 77 7	
3 29 8	4 59 7	1 29 8		
3 40 2	4 80 5	1 40 2		
3 50 6	5 01 3	1 50 6		
3 61 1	5 22 2	1 61 1		
2 22 2	2 94 4	0 72 2		
2 29 1	3 08 3	0 79 1		
2 36 1	3 22 2	0 86 1		
2 43 0	3 36 1	0 93 0		
2 50 0	3 50 0	1 00 0	2 01 3	
2 56 9	3 63 8	1 06 9		
2 63 8	3 77 7	1 13 8		
2 70 8	3 91 6	1 20 8		
2 77 7	4 05 5	1 27 7		
2 01 3	2 52 7	0 51 3		
2 08 3	2 66 6	0 58 3		
2 15 2	2 80 5	0 65 2		
2 22 2	2 94 4	0 72 2		
2 29 1	3 08 3	0 79 1	2 01 3	
2 36 1	3 22 2	0 86 1		
2 43 0	3 36 1	0 93 0		
2 50 0	3 50 0	1 00 0		
2 56 9	3 63 8	1 06 9		

l'intérieur du royaume.

GRADES.			SOLDE DE PRÉSENCE.		
			par an.	par mois.	PAR JOUR,	
					en station ou en campagne.	en marche en corps ou en détachement.
Compagnies (Suite.)	Sous-lieutenant.	Pendant la 1re année de service dans le même grade au bataillon	1,350f	112f 50c 0	3f 75c 0	6f 25c 0
		Après la 1re année, id	1,400	116 66 6	3 88 8	6 38 8
		Après la 2e année, id	1,450	120 83 3	4 02 7	6 52 7
		Après la 3e année, id	1,500	125 00 0	4 16 6	6 66 6
		Après la 4e année, id	1,550	129 16 6	4 30 5	6 80 5
		Après la 5e année, id	1,600	133 33 3	4 44 4	6 94 4
		Après la 6e année, id	1,650	137 50 0	4 58 3	7 08 3
		Après la 7e année, id	1,700	141 66 6	4 72 2	7 22 2
		Après la 8e année, id	1,750	145 83 3	4 86 1	7 36 1

SOUS-OFFICIERS

GRADES.		
Petit état major...	Adjudant sous-officier............	Venu avec avancement de la ligne, ou dans la 1re année dans le même grade au bataillon...........
		Venu sans avancement de la ligne, ou après un an dans le même grade au bataillon ....
	Caporal - tambour ou caporal-clairon	Venu avec avancement de la ligne, ou dans la 1re année dans le même grade au bataillon...........
		Venu sans avancement de la ligne, ou après un an dans le même grade au bataillon................
	Maître armurier...	Dans la 1re année du grade au bataillon...........
		Après un an de grade au bataillon................
	Maîtres tailleur et cordonnier.............................	
Compagnies	Sergent-major	Venu avec avancement de la ligne, ou dans la 1re année dans le même grade au bataillon...........
		Venu sans avancement de la ligne, ou après un an dans le même grade au bataillon ....
	Sergent et fourrier	Venu avec avancement de la ligne, ou dans la 1re année dans le même grade au bataillon...........
		Venu sans avancement de la ligne, ou après un an dans le même grade au bataillon............ ...
	Caporal	Venu avec avancement de la ligne, ou dans la 1re année, dans le même grade au bataillon ....
		Venu sans avancement de la ligne, ou après un an dans le même grade au bataillon ....
	Chasseur.........	de 1re classe..............................
		de 2e classe..............................
	Tambour ou clairon	de 1re classe..............................
		de 2e classe..............................
	Enfant de troupe..	Avant l'âge de 14 ans.......................
		A l'âge de 14 ans.........................

OFFICIERS.

SOLDE D'ABSENCE, PAR JOUR,				OBSERVATIONS.
en congé.	à l'hôpital.	à l'hôpital étant en congé avec solde.	en captivité.	
1f 87c 5	2f 50c 0	0f 62c 5		
1 94 4	2 63 8	0 69 4		
2 01 3	2 77 7	0 76 3		
2 08 3	2 91 6	0 83 3		Le sous-lieutenant qui est promu lieutenant continue de recevoir la solde dont il jouissait comme sous-lieute-tenant si, par suite des augmentations annuelles qu'il a obtenues successivement, elle est devenue supérieure à la solde de son nouveau grade (*Article 6 de l'ordonnance du 12 mai 1836.*)
2 15 2	3 05 5	0 90 2	1f 87c 5	
2 22 2	3 19 4	0 97 2		
2 29 1	3 33 3	1 04 1		
2 36 1	3 47 2	1 11 1		
2 43 0	3 61 1	1 18 0		

ET SOLDATS.

SOLDE DE PRÉSENCE, PAR JOUR.			SOLDE D'ABSENCE, PAR JOUR.			OBSERVATIONS.
avec vivres de campa-gne, ou sans vivres.	en station, avec le pain seu-lement.	en marche en corps avec le pain.	en congé,	à l'hôpital.	à l'hôpital, étant en congé avec solde.	
1f 88c 0	2f 05c 0	2f 88c 0	0f 80c 0	0f 55c 3	0f 26c 6	
2 18 0	2 33 0	3 18 0	0 95 0	0 85 3	0 41 6	
0 53 0	0 68 0	0 78 0	0 12 5	0 10 0	....	
0 58 0	0 73 0	0 85 0	0 15 0	0 10 0	....	
0 60 0	0 75 0	0 95 0	0 21 0	....	....	
0 70 0	0 85 0	1 05 0	0 26 0	....	....	
0 25 0	0 40 0	0 50 0	0 05 0	....	....	Voir le 4e parag. des observations générales qui précèdent le tarif.
0 98 0	1 13 0	1 38 0	0 30 0	....	....	
1 03 0	1 18 0	1 45 0	0 52 5	....	....	
0 60 0	0 75 0	0 95 0	0 21 0	....	....	
0 70 0	0 85 0	1 05 0	0 26 0	....	....	
0 41 0	0 56 0	0 66 0	0 12 5	....	....	
0 46 0	0 61 0	0 71 0	0 15 0	....	....	
0 30 0	0 43 0	0 55 0	0 07 5	....	....	
0 25 0	0 40 0	0 50 0	0 05 0	....	....	
0 40 0	0 55 0	0 63 0	0 07 5	0 10 0	....	
0 35 0	0 50 0	0 60 0	0 05 0	0 10 0	....	
0 10 0	0 25 0	0 45 0	....	....	....	
0 25 0	0 40 0	0 50 0	....	....	....	Ou la solde de tambour ou clairon, s'il en fait titulairement le service.

(N° 16.) BATAILLONS DE TIRAILLEURS INDIGÈNES D'AFRIQUE.

OFFICIERS.

GRADES.		SOLDE DE PRÉSENCE, PAR			SOLDE D'ABSENCE, PAR JOUR,				OBSERVATIONS.
		an.	mois.	jour.	en semestre ou en congé.	à l'hôpital.	à l'hôpital étant en semestre ou en congé.	en captivité.	
ÉTAT-MAJOR.	Chef de bataillon	3,600f	300f00c0	10f00c0	5f00c0	7f00c0	2f00c0	5f00c0	
	Adjudant-major, lieutenant ou sous-lieutenant faisant fonctions de trésorier et d'officier d'habillement	2,000	166 66 6	5 55 5	2 77 7	3 55 5	0 77 7	2 77 7	Selon sa classe, conformément au tableau n° 8.
	Chirurgien-aide-major	»	»	»	»	»	»	»	
COMPAGNIES.	Capitaine { de 1re classe	2,400	200 00 0	6 66 6	3 33 3	4 66 6	1 33 3	2 77 7	NOTA. La solde et les suppléments de solde des officiers indigènes ne sont pas passibles de la retenue de 2 p. %.
	Capitaine { de 2e classe	2,000	166 66 6	5 55 5	2 77 7	3 55 5	0 77 7	2 77 7	
	Lieutenant { de 1re classe	1,600	133 33 3	4 44 4	2 22 2	2 94 4	0 72 2	2 01 3	
	Lieutenant { de 2e classe	1,450	120 83 3	4 02 7	2 01 3	2 52 7	0 51 3	2 01 3	
	Sous-lieutenant	1,350	112 50 0	3 75 0	1 87 5	2 50 0	0 62 5	1 87 5	

SOUS-OFFICIERS ET SOLDATS.

GRADES.		SOLDE DE PRÉSENCE par jour.	OBSERVATIONS.
PETIT ÉTAT-MAJOR.	Adjudant sous-officier	1f 95c	La solde de congé des sous-officiers, caporaux et soldats, *français et indigènes*, est fixée à la moitié de la solde de présence. Dans la position d'hôpital étant en congé, ils n'ont droit qu'à la prime journalière d'entretien. (Arrêté du 30 novembre 1842. *J. M. offic.*, 2e semestre 1842, page 283.)
	Maître armurier	1 25	
	Secrétaire-caporal	1 10	(A) Art. 8 de l'arrêté minist. du 30 nov. 1842. (*J. M. offic.*, 2e sem., p. 283.)
	Sergent-clairon	1 50 (A)	
	Caporal-tambour ou clairon	1 25 (A)	La retenue à opérer sur la solde des sous-officiers, caporaux et soldats, admis dans les hôpitaux, est de cinquante centimes par journée de traitement. (Décision ministér. du 9 septembre 1842, *J. M. offic.*, 2e semestre 1842, page 140)
	Muletier et infirmier	1 10	
	Ouvrier armurier	1(A) 00	
COMPAGNIES.	Sergent-major	1 50	
	Sergent fourrier	1 25	
	Sergent	1 25	
	Caporaux-tambours et clairons	1 10	
	Tirailleurs	1 00	
	Ouvriers armuriers	1 00	

NOTA. Les deux tableaux ci-dessus sont extraits du *Journal Militaire officiel*, 2e semestre 1841, page 430 et 2e semestre 1842, pages 140 et 283.

(N° 17 *.) COMPAGNIES DE DISCIPLINE.

OFFICIERS.

GRADES.	SOLDE DE PRÉSENCE,				SOLDE D'ABSENCE, PAR JOUR,				OBSERVATIONS.
	par an.	par mois.	par jour, en station ou en campagne.	par jour, en marche en corps ou en détachement.	en semestre ou en congé.	à l'hôpital	à l'hôpital étant en semestre ou en congé avec solde.	en captivit.	
Capitaine	5,600	500f 00c 0	10f 00c 0	14 00c 0	5f 00c 0	7f 00c 0	2f 00c 0	2f 77c 7	
Lieutenant	2,000	166 66 6	5 55 5	8 55 5	2 77 7	3 55 5	0 77 7	2 01 5	
Sous-lieutenant	1,450	120 83 3	4 02 7	6 52 7	2 01 5	2 52 7	0 51 5	1 87 5	

SOUS-OFFICIERS ET SOLDATS.

GRADES.	SOLDE DE PRÉSENCE, PAR JOUR,			SOLDE D'ABSENCE, PAR JOUR,			OBSERVATIONS.
	avec vivres de campagne ou sans vivres.	en station avec le pain.	en marche en corps, avec le pain.	en semestre ou en congé	à l'hôpital	à l'hôpital étant en semestre ou en congé avec solde.	
Sergent-major	1f 88c 0	2f 05c 0	2f 88c 0	0f 80c 0	0f 55c 5	0f 26c 6	
Sergent et fourrier	1 18 0	1 55 0	1 55 0	0 30 0	»	»	
Caporal	0 78 0	0 95 0	1 15 0	0 21 0	»	»	
Maîtres { armurier	1 18 0	1 55 0	1 55 0	0 50 0	»	»	Voir le 4e § des observations générales qui précèdent le tarif.
Maîtres { tailleur, cordonnier { lié au service militaire	0 41 0	0 56 0	0 66 0	0 12 5	»	»	
Maîtres { tailleur, cordonnier { gagiste	0 25 0	0 40 0	0 50 0	0 03 0	»	»	
Tambour	0 55 0	0 68 0	0 78 0	0 12 5	0 10 0	»	
Fusilier et pionnier	0 25 0	0 55 0	0 50 0	0 05 0	»	»	
Enfant de troupe	......	0 25 0	0 45 0	»	»	»	

(*) N° 15 des tarifs de l'ordonnance du 3 décembre 1850.

GRADES.		SOLDE DE PRÉSENCE, par		
		an.	mois.	jour.
		f.	f. c.	f. c.
ÉTAT-MAJOR	Colonel			
	Pendant la 1re année de service dans le même grade au régimt.	5,000	416 66 6	13 88 8
	Après la 1re année, id......	5,075	422 91 6	14 09 7
	Après la 2e année, id.......	5,150	429 16 6	14 30 5
	Après la 3e année, id.......	5,225	435 41 6	14 51 3
	Après la 4e année, id.......	5,300	441 66 6	14 72 2
	Après la 5e année, id.......	5,375	447 91 6	14 93 0
	Après la 6e année, id.......	5,450	454 16 6	15 13 8
	Après la 7e année, id.......	5,525	460 41 6	15 34 7
	Après la 8e année, id.......	5,600	466 66 6	15 55 5
	Lieutenant-colonel			
	Pendant la 1re année de service dans le même grade au régimt.	4,300	358 33 3	11 94 4
	Après la 1re année, id.......	4,375	364 58 3	12 15 2
	Après la 2e année, id.......	4,450	370 83 3	12 36 1
	Après la 3e année, id.......	4,525	377 08 3	12 56 9
	Après la 4e année, id.......	4,600	383 33 3	12 77 7
	Après la 5e année, id.......	4,675	389 58 3	12 98 6
	Après la 6e année, id.......	4,750	395 83 3	13 19 4
	Après la 7e année, id.......	4,825	402 08 3	13 40 2
	Après la 8e année, id.......	4,900	408 83 3	13 61 1
	Chef de bataillon et major.			
	Pendant la 1re année de service dans le même grade au régimt.	3,600	300 00 0	10 00 0
	Après la 1re année, id.......	3,675	306 25 0	10 20 8
	Après la 2e année, id.......	3,750	312 50 0	10 41 6
	Après la 3e année, id.......	3,825	318 75 0	10 62 5
	Après la 4e année, id.......	3,900	325 00 0	10 83 3
	Après la 5e année, id.......	3,975	331 25 0	11 04 1
	Après la 6e année, id.......	4,050	337 50 0	11 25 0
	Après la 7e année, id.......	4,125	343 75 0	11 45 8
	Après la 8e année, id.......	4,200	350 00 0	11 66 6
	Adjudant-major............			
	Trésorier............	»	»	»
	Officiers d'habillement............			
	Adjoint au trésorier............	»	»	»
	Porte-drapeau............	»	»	»

(1) Tarif extrait du *Journal militaire officiel*,

DE ZOUAVES (1).

CIERS.

SOLDE D'ABSENCE, par jour, en congé.	à l'hôpital	à l'hôpital étant en congé avec solde.	en captivit.	OBSERVATIONS.
f. c.	f. c.	f. c.	f. c.	NOTA. L'augmentation progressive de solde attribuée à l'ancienneté n'est due qu'aux officiers français. (A) La moitié de la solde affectée à la dernière classe du grade.
6 94 4	10 88 8	3 94 4	6 94 4	
7 04 8	11 09 7	4 04 8		
7 15 2	11 30 5	4 15 2		
7 25 6	11 51 3	4 25 6		
7 36 1	11 72 2	4 36 1		
7 46 5	11 93 0	4 46 5		
7 56 9	12 13 8	4 56 9		
7 67 3	12 34 7	4 67 3		
7 77 7	12 55 5	4 77 7		
5 97 2	8 94 4	2 97 2	5 97 2	
6 07 6	9 15 2	3 07 6		
6 18 0	9 36 1	3 18 0		
6 28 4	9 56 9	3 28 4		
6 38 8	9 77 7	3 38 8		
6 49 3	9 98 6	3 49 3		
6 59 7	10 19 4	3 59 7		
6 70 1	10 40 2	3 70 1		
6 80 5	10 61 1	3 80 5		
5 00 0	7 00 0	2 00 0	5 00 0	
5 10 4	7 20 8	2 10 4		
5 20 8	7 41 6	2 20 8		
5 31 2	7 62 5	2 31 2		
5 41 6	7 83 3	2 41 6		
5 52 0	8 04 1	2 52 0		
5 62 5	8 25 0	2 62 5		
5 72 9	8 45 8	2 72 9		
5 83 3	8 66 6	2 83 3		
....	....	....	(A)	La solde de capitaine de 2e classe ou celle de 1re classe, s'ils y ont droit par leur ancienneté dans ce grade.
»	»	»	»	La solde de son grade.
»	»	»	(A)	La solde de son grade augmentée de 50 fr.

2e semestre 1852, page 214 et suivantes.

(Suite du N° 18.) OFFI

GRADES.	SOLDE DE PRÉSENCE, par		
	an.	mois.	jour.
	f.	f. c.	f. c.
Capitaine de 1re classe — Pendant la 1re année de service dans le même grade au régimt.	2,400	200 00 0	6 66 6
Après la 1re année, id.	2,475	206 25 0	6 87 5
Après la 2e année, id.	2,550	212 50 0	7 08 3
Après la 3e année, id.	2,625	218 75 0	7 29 1
Après la 4e année, id.	2,700	225 00 0	7 50 0
Après la 5e année, id.	2,775	231 25 0	7 70 8
Après la 6e année, id.	2,850	237 50 0	7 91 6
Après la 7e année, id.	2,925	243 75 0	8 12 5
Après la 8e année, id.	3,000	250 00 0	8 33 3
Capitaine de 2e classe — Pendant la 1re année de service dans le même grade au régimt.	2,000	166 66 6	5 55 5
Après la 1re année, id.	2,075	172 91 6	5 76 3
Après la 2e année, id.	2,150	179 16 6	5 97 2
Après la 3e année, id.	2,225	185 41 6	6 18 0
Après la 4e année, id.	2,300	191 66 6	6 38 8
Après la 5e année, id.	2,375	197 91 6	6 59 7
Après la 6e année, id.	2,450	204 16 6	6 80 5
Après la 7e année, id.	2,525	210 41 6	7 01 3
Après la 8e année, id.	2,600	216 66 6	7 22 2
Lieutenant de 1re classe — Pendant la 1re année de service dans le même grade au régimt.	1,600	133 33 3	4 44 4
Après la 1re année, id.	1,650	137 50 0	4 58 3
Après la 2e année, id.	1,700	141 66 6	4 72 2
Après la 3e année, id.	1,750	145 83 3	4 86 1
Après la 4e année, id.	1,800	150 00 0	5 00 0
Après la 5e année, id.	1,850	154 16 6	5 13 8
Après la 6e année, id.	1,900	158 33 3	5 27 7
Après la 7e année, id.	1,950	162 50 0	5 41 6
Après la 8e année, id.	2,000	166 66 6	5 55 5
Lieutenant de 2e classe — Pendant la 1re année de service dans le même grade au régimt.	1,450	120 83 3	4 02 7
Après la 1re année, id.	1,500	125 00 0	4 16 6
Après la 2e année, id.	1,550	129 16 6	4 30 5
Après la 3e année, id.	1,600	133 33 3	4 44 4
Après la 4e année, id.	1,650	137 50 0	4 58 3
Après la 5e année, id.	1,700	141 66 6	4 72 2
Après la 6e année, id.	1,750	145 83 3	4 86 1
Après la 7e année, id.	1,800	150 00 0	5 00 0
Après la 8e année, id.	1,850	154 16 6	5 13 8
Sous-lieutenant — Pendant la 1re année de service dans le même grade au régimt.	1,350	112 50 0	3 75 0
Après la 1re année, id.	1,400	116 66 6	3 88 8
Après la 2e année, id.	1,450	120 83 3	4 02 7
Après la 3e année, id.	1,500	125 00 0	4 16 6
Après la 4e année, id.	1,550	129 16 6	4 30 5
Après la 5e année, id.	1,600	133 33 3	4 44 4
Après la 6e année, id.	1,650	137 50 0	4 58 3
Après la 7e année, id.	1,700	141 66 6	4 72 2
Après la 8e année, id.	1,750	145 83 3	4 86 1

COMPAGNIES.

CIERS.

| SOLDE D'ABSENCE, par jour, | | | en captivit. | OBSERVATIONS. |
en congé.	à l'hôpital	à l'hôpital étant en congé avec solde.		
f. c.	f. c.	f. c.	f. c.	
3 33 3	4 66 6	1 33 3		
3 43 7	4 87 5	1 43 7		
3 54 1	5 08 5	1 54 1		
3 64 5	5 29 1	1 64 5		
3 75 0	5 50 0	1 75 0	2 77 7	
3 85 4	5 70 8	1 85 4		
3 95 8	5 91 6	1 95 8		
4 06 2	6 12 5	2 06 2		
4 16 6	6 33 3	2 16 6		
2 77 7	3 55 5	0 77 7		
2 88 1	3 76 3	0 88 1		
2 98 6	3 97 2	0 98 6		
3 09 0	4 18 0	1 09 0		
3 19 4	4 38 8	1 19 4	2 77 7	
3 29 8	4 59 7	1 29 8		
3 40 2	4 80 5	1 40 2		
3 50 6	5 01 3	1 50 6		
3 61 1	5 22 2	1 61 1		
2 22 2	2 94 4	0 72 2		
2 29 1	3 08 3	0 79 1		
2 36 1	3 22 2	0 86 1		
2 43 0	3 36 1	0 93 0		
2 50 0	3 50 0	1 00 0	2 01 3	
2 56 9	3 63 8	1 06 9		
2 63 8	3 77 7	1 13 8		
2 70 8	3 91 6	1 20 8		
2 77 7	4 05 5	1 27 7		
2 01 3	2 52 7	0 51 3		
2 08 3	2 66 6	0 58 3		
2 15 2	2 80 5	0 65 2		
2 22 2	2 94 4	0 72 2		
2 29 1	3 08 3	0 79 1	2 01 3	
2 36 1	3 22 2	0 86 1		
2 43 0	3 36 1	0 93 0		
2 50 0	3 50 0	1 00 0		
2 56 9	3 63 8	1 06 9		
1 87 5	2 50 0	0 62 5		
1 94 4	2 63 8	0 69 4		Le sous-lieutenant qui est promu lieutenant, continue de
2 01 3	2 77 7	0 76 3		recevoir la solde dont il jouissait comme sous lieute-
2 08 3	2 91 6	0 83 3		nant, si, par suite des augmentations annuelles qu'il a
2 15 2	3 05 5	0 90 2	1 87 5	obtenues successivement, elle est devenue supérieure à
2 22 2	3 19 4	0 97 2		la solde de son nouveau grade.
2 29 1	3 33 3	1 04 1		
2 36 1	3 47 2	1 11 1		
2 43 0	3 61 1	1 18 0		

	GRADES.
PETIT ÉTAT-MAJOR.	Adjudant sous-officier . . . . { Pendant les deux premières années de service dans le même emploi au régiment. . . . . / Après deux années, id. . . . .
	Tambour-major . . . { Pendant les deux premières années de service dans le même emploi au régiment. . . . . / Après deux années, id. . . . .
	Caporal-tambour ou clairon. . . . . { Pendant les deux premières années de service dans le même emploi au régiment. . . . . / Après deux années, id. . . . .
	Caporal-sapeur. . . . { Pendant les deux premières années de service dans le même emploi au régiment. . . . . / Après deux années, id. . . . .
	Sapeur . . . .
	Musicien-soldat . . . .
	Maître ouvrier. . . . { Pendant les deux premières années de service dans le même emploi au régiment . . . . / Après deux années, id. . . . .
COMPAGNIES	Sergent-major . . . . { Pendant les deux premières années de service dans le même emploi au régiment . . . . / Après deux années, id. . . . .
	Sergent et fourrier. { Pendant les deux premières années de service dans le même emploi au régiment . . . . / Après deux années, id . . . .
	Caporal. . . . . { Pendant les deux premières années de service dans le même grade au régiment. . . . . / Après deux années , id. . . . .
	Soldat . . . . { de 1re classe. . . . . / de 2e classe . . . .
	Tambour ou clairon. . . . .
	Enfant de troupe. . { à l'âge de 14 ans . . . . / avant l'âge de 14 ans . . . .

Ces sous-officiers, caporaux, soldats et enfants de troupe âgés de 14 ans reçoivent, avec la solde, un supplément

ET SOLDATS.

SOLDE DE PRÉSENCE, PAR JOUR,			SOLDE D'ABSENCE, PAR JOUR,			OBSERVATIONS.
avec vivres de campagne ou sans vivres.	en station avec le pain seulement. (A)	en marche, en détachement avec le pain. (A)	en congé.	à l'hôpital	à l'hôpital étant en congé avec solde.	
f. c.	f. c.	f. c.	f. c.	f. c.	f. c.	
1 88 0	2 03 0	2 88 0	0 80 0	0 53 3	0 26 6	(A) Les fixations portées dans les colon-
2 38 0	2 53 0	3 38 0	1 03 0	1 03 5	0 31 6	nes ne sont applicables qu'en cas de
						séjour ou de marche dans l'intérieur
0 98 0	1 13 0	1 38 0	0 30 0	»	»	du royaume.
1 88 0	2 03 0	2 88 0	0 80 0	0 55 5	0 26 6	
0 53 0	0 68 0	0 78 0	0 12 5	0 10 0	»	
0 72 0	0 87 0	1 07 0	0 21 0	0 10 0	»	
0 46 0	0 61 0	0 71 0	0 15 0	»	»	
0 70 0	0 85 0	1 05 0	0 26 0	»	»	
0 36 0	0 51 0	0 61 0	0 07 5	»	»	
0 31 0	0 46 0	0 56 0	0 05 0	»	»	
0 60 0	0 75 0	0 95 0	0 21 0	»	»	
0 98 0	1 13 0	1 38 0	0 30 0	»	»	
0 98 0	1 13 0	1 38 0	0 30 0	»	»	
1 88 0	2 03 0	2 88 0	0 80 0	0 55 5	0 26 6	
0 60 0	0 75 0	0 95 0	0 21 0	»	»	
0 98 0	1 13 0	1 38 0	0 30 0	»	»	
0 41 0	0 56 0	0 66 0	0 12 5	»	»	
0 60 0	0 75 0	0 95 0	0 21 0	»	»	
0 36 0	0 51 0	0 61 0	0 07 5	»	»	
0 31 0	0 46 0	0 56 0	0 05 0	»	»	
0 36 0	0 51 0	0 61 0	0 03 0	0 10 0	»	
0 31 0	0 46 0	0 56 0	»	»	»	Ou la solde de tambour ou clairon, s'il en
0 10 0	0 25 0	0 44 0	»	»	»	fait titulairement le service.

de 5 cent. pour chaque journée de présence ou d'absence légale passée en Algérie.

SOLDE ET REVUES.

(N° 19 *.) **RÉGIMENTS DE**

OFFI

GRADES.		PAR AN.	PAR MOIS.	SOLDE DE PRÉSENCE, PAR JOUR, en station ou en campagne.	en marche en corps ou en détachement.	supplément de solde dans Paris.
		fr.	f. c.	f. c.	f. c.	f. c.
ÉTAT-MAJOR.	Colonel	5,300	438 33 3	15 27 7	20 27 7	3 05 5
	Lieutenant-colonel	4,700	391 66 6	13 03 5	18 03 5	2 61 1
	Chef d'escadron et major	4,000	333 33 3	11 11 1	15 11 1	2 22 2
	Instructeur en chef	.....	.....	.....	.....	.....
	Adjudant major					
	Trésorier	2,300	191 66 6	6 38 8	9 38 8	1 59 7
	Officier d'habillement					
	Officier adjoint au trésorier	.....	.....	.....	.....	.....
	Porte-étendard	1,600	133 33 3	4 44 4	6 94 4	1 48 1
	Chirurgien. { major	.....	.....	.....	.....	.....
	Chirurgien. { aide-major	.....	.....	.....	.....	.....
ESCADRONS..	Capitaine.. { en premier	2,500	208 33 3	6 94 4	9 94 4	1 73 6
	Capitaine.. { en second	2,300	191 66 6	6 38 8	9 38 8	1 59 7
	Lieutenant. { en premier	1,800	150 00 0	5 00 0	7 50 0	1 66 6
	Lieutenant. { en second	1,600	133 33 3	4 44 4	6 94 4	1 48 1
	Sous-lieutenant	1,500	125 00 0	4 16 6	6 66 6	1 38 8

SOUS-OFFICIERS

GRADES.		SOLDE DE PRÉSENCE, PAR JOUR, avec vivres de campagne ou sans vivres.	en station avec le pain seulement.	en marche en corps avec le pain.	supplément de solde dans Paris.
		f. c.	f. c.	f. c.	f. c.
PETIT ÉTAT-MAJOR.	Adjudant-sous-officier	2 10 0	2 25 0	3 10 0	0 62 8
	Vétérinaire	.....	.....	.....	.....
	Trompette-major	1 68 0	1 83 0	2 03 0	0 50 0
	Brigadier-trompette	1 13 0	1 28 0	1 58 0	0 47 5
	Maîtres { armurier	0 93 0	1 08 0	1 28 0	0 28 0
	Maîtres { tailleur, bottier, sellier	0 58 0	0 53 0	0 63 0	0 11 5
ESCADRONS..	Maréchal des logis chef	1 25 0	1 38 0	1 63 0	0 32 0
	Maréchaux des log et mar. des log. four.	0 93 0	1 08 0	1 28 0	0 28 0
	Brigadier-fourrier	0 75 0	0 88 0	1 08 0	0 20 0
	Brigadier	0 53 0	0 68 0	0 78 0	0 18 5
	Carabinier. { de 1re classe	0 43 0	0 58 0	0 68 0	0 14 0
	Carabinier. { de 2e classe	0 38 0	0 53 0	0 63 0	0 11 5
	Trompette	0 75 0	0 90 0	1 00 0	0 30 0
	Élève trompette	0 38 0	0 53 0	0 63 0	0 11 5
	Enfant de troupe { avant l'âge de 14 ans	.....	0 51 5	0 51 5	0 10 7
	Enfant de troupe { à l'âge de 14 ans	0 38 0	0 53 0	0 63 0	0 11 5

(*) N° 17 du tarif de l'ordonnance du 5 décembre 1840.

CARABINIERS.

CIERS.

SOLDE D'ABSENCE, PAR JOUR,				OBSERVATIONS.
en semestre ou en congé.	à l'hôpital.	à l'hôpital, étant en semestre ou en congé avec solde.	en captivité.	
f. c.	f. c.	f. c.	f. c.	
7 63 8	12 27 7	4 63 8	7 63 8	(1) La moitié de la solde du grade et de la classe.
6 52 7	10 05 5	3 52 7	6 52 7	
5 55 5	8 11 1	2 55 5	5 55 5	
. . . .	. . . .	. . . .	. . . .	La solde de son grade et de sa classe, avec le quart en sus, quand il est en fonctions.
5 19 4	4 38 8	1 19 4	(1)	Ou la solde de capitaine en premier, s'ils y ont droit par leur ancienneté dans ce grade.
. . . .	. . . .	. . . .	. . . .	La solde de son grade et de sa classe.
2 22 2	2 94 4	0 72 2	(1)	
. . . .	. . . .	. . . .	. . . .	Voir le tableau n° 8.
3 47 2	4 94 4	1 47 2	3 47 2	
3 19 4	4 38 8	1 19 4	3 19 4	
2 50 0	3 50 0	1 00 0	2 50 0	
2 22 2	2 94 4	0 72 2	2 22 2	
2 08 3	2 91 6	0 83 3	2 08 3	

ET SOLDATS.

SOLDE D'ABSENCE, PAR JOUR,			OBSERVATIONS.
en semestre ou en congé.	à l'hôpital.	à l'hôpital, étant en semestre ou en congé avec solde.	
f. c.	f. c.	f. c.	
0 91 0	0 60 6	0 30 3	Voir le tableau n° 11.
. . . .	. . . .	. . . .	
0 65 0	. . . .	. . . .	
0 47 5	. . . .	. . . .	
0 37 5	. . . .	. . . .	
0 11 5	. . . .	. . . .	Voir le 4e paragraphe des observations générales qui précèdent le tarif.
0 42 5	. . . .	. . . .	
0 37 5	. . . .	. . . .	
0 27 5	. . . .	. . . .	
0 18 5	. . . .	. . . .	
0 14 0	. . . .	. . . .	
0 11 5	. . . .	. . . .	
0 50 0	. . . .	. . . .	
0 11 5	. . . .	. . . .	
. . . .	. . . .	. . . .	
. . . .	. . . .	. . . .	Ou la solde de trompette, s'il en fait titulairement le service.

(N° 20 *.)   **RÉGIMENTS**

OFFI

GRADES.		par an.	par mois.	en station ou en campagne.	en marche, en corps ou en détachem^t	supplément de solde dans Paris.
		f.	f. c.	f. c.	f. c.	f. c.
ÉTAT-MAJOR.	Colonel	5,500	458 33 3	15 27 7	20 27 7	3 05 5
	Lieutenant-colonel	4,700	391 66 6	13 05 5	18 05 5	2 61 1
	Chef d'escadron et major	4,000	333 33 3	11 11 1	15 11 1	2 22 2
	Instructeur en chef	......	......	......	......	......
	Adjudant-major					
	Trésorier	2,300	191 66 6	6 38 8	9 38 8	1 59 7
	Officier d'habillement					
	Officier adjoint au trésorier	......	......	......	......	......
	Porte-étendard	1,600	133 33 3	4 44 4	6 94 4	1 48 1
	Chirurgien { major / aide-major	......	......	......	......	......
ESCADRONS.	Capitaine { en premier	2,500	208 33 3	6 94 4	9 94 4	1 73 6
	Capitaine { en second	2,300	191 66 6	6 38 8	9 38 8	1 59 7
	Lieutenant { en premier	1,800	150 00 0	5 00 0	7 50 0	1 66 6
	Lieutenant { en second	1,600	133 33 3	4 44 4	6 94 4	1 48 1
	Sous-lieutenant	1,500	125 00 0	4 16 6	6 66 6	1 38 8

SOUS-OFFICIERS

GRADES.		avec vivres de campagne ou sans vivres.	en station avec le pain seulement.	en marche en corps avec le pain.	Supplément de solde dans Paris.
		f. c.	f. c.	f. c.	f. c.
PETIT ÉTAT-MAJOR.	Adjudant sous-officier	2 05 0	2 20 0	3 05 0	0 60 8
	Vétérinaire	......	......	......	......
	Trompette-major	1 63 0	1 78 0	1 98 0	0 48 0
	Brigadier-trompette	1 08 0	1 23 0	1 33 0	0 45 0
	Maîtres { armurier	0 88 0	1 03 0	1 23 0	0 26 0
	Maîtres { tailleur, bottier, sellier	0 33 0	0 48 0	0 58 0	0 09 0
ESCADRONS.	Maréchal des logis chef	1 18 0	1 33 0	1 58 0	0 30 0
	Maréchal des logis et maréchal des logis fourr.	0 88 0	1 03 0	1 23 0	0 26 0
	Brigadier fourrier	0 68 0	0 83 0	1 03 0	0 18 0
	Brigadier	0 48 0	0 63 0	0 73 0	0 16 0
	Cuirassiers { de 1re classe	0 38 0	0 53 0	0 63 0	0 11 5
	Cuirassiers { de 2e classe	0 33 0	0 48 0	0 58 0	0 09 0
	Trompette	0 70 0	0 85 0	0 95 0	0 27 5
	Élève-trompette	0 33 0	0 48 0	0 58 0	0 09 0
	Enfant de troupe { avant l'âge de 14 ans	......	0 29 0	0 49 0	0 09 5
	Enfant de troupe { à l'âge de 14 ans	0 33 0	0 48 0	0 58 0	0 09 0

(*) Tarif n° 18 de l'ordonnance du 5 décembre 1840.

DE CUIRASSIERS.

CIERS.

SOLDE D'ABSENCE, PAR JOUR,				OBSERVATIONS.
en semestre ou en congé.	à l'hôpital	à l'hôpital étant en semest. ou en congé avec solde.	en captivit.	
f. c.	f. c.	f. c.	f. c.	
7 63 8	12 27 7	4 63 8	7 63 8	(A) La moitié de la solde du grade et de la classe.
6 52 7	10 05 5	3 52 7	6 52 7	
5 55 5	8 11 1	2 55 5	5 55 5	La solde de son grade et de sa classe, avec le quart en sus, quand il est en fonctions.
....	....	....	....	
3 19 4	4 38 8	1 19 4	(A)	Ou la solde de capitaine en premier, s'ils y ont droit par leur ancienneté dans ce grade.
....	....	....	....	La solde de son grade et de sa classe.
2 22 2	2 94 4	0 72 2	(A)	
....	....	....	....	Voir le tableau n° 8.
....	....	....	....	
3 47 2	4 94 4	1 47 2	3 47 2	
3 19 4	4 38 8	1 19 4	3 19 4	
2 50 0	3 50 0	1 00 0	2 50 0	
2 22 2	2 94 4	0 72 2	2 22 2	
2 08 3	2 91 6	0 83 3	2 08 3	

ET SOLDATS.

SOLDE D'ABSENCE, PAR JOUR,			OBSERVATIONS.
en semestre ou en congé.	à l'hôpital	à l'hôpital étant en semest. ou en congé avec solde.	
f. c.	f. c.	f. c.	
0 88 5	0 59 0	0 29 5	Voir le tableau n° 11.
....	....	....	
0 62 3	....	....	
0 45 0	....	....	
0 35 0	....	....	
0 09 0	....	....	Voir le 4ᵉ paragraphe des observations générales qui précèdent le tarif.
0 40 0	....	....	
0 35 0	....	....	
0 23 0	....	....	
0 16 0	....	....	
0 11 5	....	....	
0 09 0	....	....	
0 27 5	....	....	
0 09 0	....	....	
....	....	....	
....	....	....	Ou la solde de trompette, s'il en fait titulairement le service.

(N° 21 *.) RÉGIMENTS DE DRAGONS,

OFFI

		SOLDE DE PRÉSENCE,			
GRADES.	par an.	par mois.	par jour,		
			en station ou en campagne.	en marche en corps ou en détachem^t	Supplément de solde dans Paris.
	f.	f. c.	f. c.	f. c.	f. c.
ÉTAT-MAJOR. / Colonel	5,500	458 33 3	15 27 7	20 27 7	3 05 5
Lieutenant-colonel	4,700	391 56 6	13 05 5	18 05 5	2 61 1
Chef d'escadron et major	4,000	333 33 3	11 11 1	13 11 1	2 22 2
Instructeur en chef	......	....	....	......	......
Adjudant-major					
Trésorier	2,300	191 66 6	6 38 8	9 38 8	1 59 7
Officier d'habillement					
Officier adjoint au trésorier					
Porte-étendard	1,600	133 33 3	4 44 4	6 94 4	1 48 1
Chirurgien .. { major	......	....	....	......	.... ..
{ aide-major					
ESCADRONS.. / Capitaine ... { en premier	2,500	208 33 3	6 94 4	9 94 4	1 73 6
{ en second	2,300	191 66 6	6 38 8	9 38 8	1 59 7
Lieutenant .. { en premier	1,800	150 00 0	5 00 0	7 50 0	1 66 6
{ en second	1,600	133 33 3	4 44 4	6 94 4	1 48 1
Sous-lieutenant	1,500	125 00 0	4 16 6	6 66 6	1 38 8

SOUS-OFFICIERS

		SOLDE DE PRÉSENCE, PAR JOUR,			
GRADES.	avec vivres de campagne ou sans vivres.	en station avec le pain seulement.	en marche en corps avec le pain	Supplément de solde dans Paris.	
	f. c.	f. c.	f. c.	f. c.	
PETIT ÉTAT MAJOR. / Adjudant sous-officier	1 88 0	2 03 0	2 88 0	0 54 0	
Vétérinaire	......	......	......	......	
Trompette-major	1 18 0	1 33 0	1 53 0	0 30 0	
Brigadier-trompette	0 83 0	0 98 0	1 08 0	0 32 5	
Maîtres .... { armurier	0 75 0	0 88 0	1 08 0	0 20 0	
{ tailleur, bottier, sellier	0 28 0	0 43 0	0 53 0	0 06 5	
ESCADRONS.. / Maréchal des logis chef	1 06 0	1 21 0	1 46 0	0 25 2	
Maréchal des logis et maréchal des logis fourr.	0 73 0	0 88 0	1 08 0	0 20 0	
Brigadier-fourrier	0 63 0	0 78 0	0 98 0	0 16 0	
Brigadier	0 43 0	0 58 0	0 68 0	0 13 5	
Dragon, chasseur, { de 1re classe	0 33 0	0 48 0	0 58 0	0 09 0	
lancier, hussard { de 2° classe	0 28 0	0 43 0	0 53 0	0 06 5	
Trompette	0 65 0	0 80 0	0 90 0	0 25 0	
Élève trompette	0 28 0	0 43 0	0 53 0	0 06 5	
Enfant de troupe. { avant l'âge de 14 ans	......	0 26 5	0 46 5	0 08 0	
{ à l'âge de 14 ans	0 28 0	0 43 0	0 53 0	0 06 5	

(*) Tarif n° 19 de l'ordonnance du 5 décembre 1840.

Nota. Ce tarif est applicable aux régiments de chasseurs d'Afrique.

LANCIERS, CHASSEURS, HUSSARDS.

CIERS.

SOLDE D'ABSENCE, PAR JOUR,				OBSERVATIONS.
en semestre ou en congé.	à l'hôpital	à l'hôpital étant en semest. ou en congé avec solde.	en captivit.	
f. c.	f. c.	f. c.	f. c.	
7 63 8	12 27 7	4 63 8	7 63 8	(A) La moitié de la solde du grade et de la classe.
6 52 7	10 05 5	3 52 7	6 52 7	
5 55 5	8 11 1	2 55 5	5 55 5	
. . . . . .	. . . . . .	. . . . . .	. . . . . .	La solde de son grade et de sa classe, avec le quart en sus, quand il est en fonctions.
3 19 4	4 38 8	1 19 4	(A)	Ou la solde de capitaine en premier, s'ils y ont droit par leur ancienneté dans ce grade.
. . . . . .	. . . . . .	. . . . . .	. . . . . .	La solde de son grade et de sa classe.
2 22 2	2 94 4	0 72 2	(A)	
. . . . . .	. . . . . .	. . . . . .	. . . . . .	Voir le tableau nº 8.
3 47 2	4 94 4	1 47 2	3 47 2	
3 19 4	4 38 8	1 19 4	3 19 4	
2 50 0	3 50 0	1 00 0	2 50 0	
2 22 2	2 94 4	0 72 2	2 22 2	
2 08 3	2 91 6	0 83 3	2 08 3	

ET SOLDATS.

SOLDE D'ABSENCE, PAR JOUR,			OBSERVATIONS.
en semestre ou en congé.	à l'hôpital	à l'hôpital étant en semest. ou en congé avec solde.	
f. c.	f. c.	f. c.	
0 80 0	0 53 3	0 26 6	Voir le tableau nº 11.
. . . . . .	. . . . . .	. . . . . .	
0 40 0	. . . . . .	. . . . . .	
0 32 5	. . . . . .	. . . . . .	
0 27 5	. . . . . .	. . . . . .	
0 06 5	. . . . . .	. . . . . .	Voir le 4º § des observations générales qui précèdent le tarif.
0 31 0	. . . . . .	. . . . . .	
0 27 5	. . . . . .	. . . . . .	
0 22 5	. . . . . .	. . . . . .	
0 13 5	. . . . . .	. . . . . .	
0 09 0	. . . . . .	. . . . . .	
0 06 5	. . . . . .	. . . . . .	
0 25 0	. . . . . .	. . . . . .	
0 06 5	. . . . . .	. . . . . .	
. . . . . .	. . . . . .	. . . . . .	
. . . . . .	. . . . . .	. . . . . .	Ou la solde de trompette, s'il en fait titulairement le service.

(N° 22.) SPAHIS INDIGÈNES D'AFRIQUE (1).

OFFICIERS.

GRADES.	SOLDE DE PRÉSENCE, par			SOLDE D'ABSENCE, par jour,				OBSERVATIONS.
	an.	mois.	jour.	en semestre ou en congé.	à l'hôpital	à l'hôpital étant en semestre ou en congé.	en captivit.	
ÉTAT-MAJOR... Commandant du corps — Colonel	5,500f	458f 33c 3	15f 27c 7	7f 63c 8	12f 27c 7	4f 63c 8	7f 63c 8	Nota. La solde et les suppléments de solde des officiers indigènes, ne sont pas passibles de la retenue de 2 pour cent.
Commandant du corps — Lieuten.-colonel.	4,700	391 66 6	13 05 5	6 52 7	10 05 5	3 52 7	6 52 7	
Chef d'escadron et major	4,000	333 33 3	11 11 1	5 55 5	8 11 1	2 55 5	5 55 5	
Adjudant (major-capitaine)	2,500	208 33 3	6 94 4	3 47 2	4 94 4	1 47 2	3 47 2	
Trésorier-capitaine	2,300	191 66 6	6 38 8	3 19 4	4 38 8	1 19 4	3 19 4	
Officier de détail	1,500	125 00 0	4 16 6	2 08 3	2 91 6	0 83 3	2 08 3	Voir le tableau n° 8.
Officiers de santé	»	»	»	»	»	»	»	
ESCADRONS... Capitaine	2,500	208 33 3	6 94 4	3 47 2	4 94 4	1 47 2	3 47 2	
Lieutenant	1,800	150 00 0	5 00 0	2 50 0	3 50 0	1 00 0	2 50 0	
Sous-lieutenant	1,500	125 00 0	4 16 6	2 08 3	2 91 6	0 83 3	2 08 3	

SOUS-OFFICIERS ET SOLDATS.

GRADES.	SOLDE DE PRÉSENCE par jour.
PETIT ÉTAT-MAJOR. — Adjudants sous-officiers	2f 70c
Vétérinaires — de 1re classe	» »(A)
Vétérinaires — de 2e classe	» »(A)
Brigadier-trompette	1 70
Maître armurier	1 70
Maître sellier	1 70
Maréchal des logis chef	2 00
Maréchal des logis	1 70
Maréchal des logis fourrier	1 70
ESCADRONS. — Brigadier élève fourrier	1 60
Brigadier	1 50
Spahis	1 30
Maréchal ferrant	1 30
Trompette	1 50

SOLDE D'HOPITAL.

La retenue à exercer sur la solde, en cas de séjour à l'hôpital, est fixée, pour la troupe, à 0 fr. 50 c. par journée de traitement.

SOLDE DE CONGÉ.

La solde de congé des sous-officiers, brigadiers et soldats, *français et indigènes* est fixée à la moitié de la solde de présence. Dans la position d'hôpital étant en congé, ils n'ont droit qu'à la prime journalière d'entretien (art. 2 et 3 de l'arrêté ministériel du 30 novembre 1842. *J. M. offic.*, 2e sem. page 285.)

(A) Voir le tableau n° 11.

(1) Tarif extrait du *Journal Militaire officiel*, 2e semestre 1841, page 422, 1er semestre 1842, page 521, et 2e semestre 1842, page 285.

(N° 23*) ÉCOLE DE CAVALERIE.

	GRADES	SOLDE
OFFICIERS	Officiers de l'état-major	La solde de la 1re classe de leur grade avec le supplément d'un tiers, pour les journées de présence à l'école.
	Officiers d'instruction	La solde de leur grade et de leur classe dans l'arme dont ils font partie, avec le supplément d'un cinquième pour les journées de présence à l'école.
	Sous-lieutenant élève	La solde de sous-lieutenant de cavalerie.
VÉTÉRINAIRE		Voir le tableau n° 11.
PETIT ÉTAT-MAJOR et cadres des escadrons	Adjudant sous-officier	La solde de son grade dans l'arme des cuirassiers, avec le supplément d'un tiers, pour les journées de présence à l'école.
	Trompette-major / Maréchal des logis chef / Maréchal des logis et fourrier / Brigadier-trompette / Brigadier / Maréchal ferrant / Trompette	La solde de leur grade dans l'arme des cuirassiers.
	Sous-officiers et brigadiers d'instruction	La solde de leur grade et de leur arme.
	Cavalier de 1re classe / Cavalier de 2e classe	La solde de leur classe et de leur arme.
	Élève Maréchal ferrant	La solde de cuirassiers de 2e classe.
	Élève Trompette	La solde de dragon, lancier, chasseur ou hussard de 2e classe.
	Enfant de troupe	Même solde que dans les régiments de dragons, lanciers, chasseurs et hussards.

(N° 24**) RÉGIMENTS D'ARTILLERIE.

OFFICIERS.

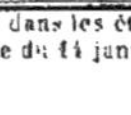

	GRADES.	par an.	par mois.	SOLDE DE PRÉSENCE, PAR JOUR, en station ou en campagne	en marche, en corps ou en détach	supplément de solde dans Paris.	SOLDE D'ABSENCE, PAR JOUR, en semestre ou en congé.	à l'hôpital.	à l'hôpital étant en semestre ou en congé avec solde.	en captivité.	OBSERVATIONS.
	Colonel	6,750 f	562 50 0	18f 75c 0	23f 75c 0	3f 75c 0	9f 37c 5	15f 75c 0	6f 37c 5	9f 37c 5	(A) La moitié de la solde du grade et de la classe.
	Lieutenant-colonel	5,700	475 00 0	15 83 3	20 83 3	3 16 6	7 91 6	12 83 8	4 91 6	7 91 6	
	Chef d'escadron et major	4,900	408 33 3	13 61 1	17 61 1	2 72 2	6 80 5	10 61 1	3 80 5	6 80 5	
ÉTAT-MAJOR	Capitaine instructeur d'équitation										La solde de son grade et de sa classe avec le quart en sus, quand il est en fonctions.
	Adjudant-major										
	Trésorier	2,600	216 66 6	7 22 2	10 22 2	1 80 5	3 61 1	5 22 2	1 61 1	(A)	Ou la solde de capitaine en premier, s'ils sont pourvus de ce grade.
	Officier d'habillement										
	Officier adjoint au trésorier										La solde de son grade et de sa classe.
	Chirurgien major								Voir le tableau n° 8		Les officiers détachés de leurs corps pour être employés dans les établissements ou places de l'intérieur n'ont droit
	Chirurgien aide-major										qu'à la solde attribuée aux officiers de
BATTERIES	Capitaine en premier	3,000	250 00 0	8 33 2	11 53 3	2 08 3	4 16 6	6 33 3	2 16 6	4 16 6	leur grade dans l'état-major particulier de
	Capitaine en second	2,600	216 66 6	7 22 2	10 22 2	1 80 5	3 61 1	5 22 2	1 61 1	5 61 1	l'artillerie (a).
	Lieutenant en premier	2,050	170 83 3	5 69 4	8 19 4	1 89 8	2 84 7	4 19 4	1 34 7	2 84 7	
	Lieutenant en second	1,850	154 16 6	5 13 8	7 63 8	1 71 2	2 56 9	3 63 8	1 06 9	2 56 9	

(a) Les lieutenants en premier et lieutenants en second, détachés pour être employés dans les établissements ou places de l'intérieur, n'ont droit qu'à la solde attribuée aux lieutenants au régiment de pontonniers ou des compagnies d'ouvriers d'artillerie. (Note ministérielle du 14 janvier 1842. J. M. off. 1er sem. 1842, p. 37.)

(*) N° 20 des tarifs de l'ordonnance du 5 décembre 1810.

(**) N° 21 des tarifs de l'ordonnance du 5 décembre 1810.

(Suite du nᵒ 24) SOUS-OFFICIERS

GRADES.	SOLDE DE PRÉSENCE, par		
	avec vivres de campagne ou sans vivres.	en station, avec le pain soulement.	en marche en corps avec le pain.
	f. c.	f. c.	f. c.
Petit état-major. Adjudant sous-officier	3 00 0	3 15 0	4 00 0
Chef artificier	1 72 0	1 87 0	2 12 0
Vétérinaire	....	....	....
Trompette-major	1 48 0	1 63 0	1 83 0
Brigadier-trompette	0 98 0	1 13 0	1 23 0
Maîtres armurier	1 06 0	1 21 0	1 41 0
Maîtres tailleur, bottier-cordonnier, sellier-bourrelier	0 33 0	0 48 0	0 58 0
Batteries à cheval. Maréchal des logis chef	1 72 0	1 87 0	2 12 0
Maréchal des logis et fourrier	1 06 0	1 21 0	1 41 0
Brigadier	0 77 0	0 92 0	1 02 0
Artificier	0 61 0	0 76 0	0 86 0
Canonnier servant de 1re classe	0 51 0	0 66 0	0 76 0
Canonnier servant de 2e classe	0 42 0	0 57 0	0 67 0
Canonnier conducteur de 1re classe	0 51 0	0 66 0	0 76 0
Canonnier conducteur de 2e classe	0 42 0	0 57 0	0 67 0
Ouvrier en bois ou en fer	....	....	....
Maréchal ferrant	0 51 0	0 56 0	0 66 0
Bourrelier	0 41 0	0 56 0	0 66 0
Trompette	0 65 0	0 80 0	0 90 0
Batteries à pied montées. Maréchal des logis chef	1 72 0	1 87 0	2 12 0
Maréchal des logis et fourrier	1 06 0	1 21 0	1 41 0
Brigadier	0 77 0	0 92 0	1 02 0
Artificier	0 51 0	0 66 0	0 76 0
Canonnier servant de 1re classe	0 41 0	0 56 0	0 66 0
Canonnier servant de 2e classe	0 52 0	0 47 0	0 57 0
Canonnier conducteur de 1re classe	0 51 0	0 66 0	0 76 0
Canonnier conducteur de 2e classe	0 42 0	0 57 0	0 67 0
Ouvrier en bois ou en fer	....	....	....
Maréchal ferrant	0 51 0	0 56 0	0 66 0
Bourrelier	0 41 0	0 56 0	0 66 0
Trompette	0 65 0	0 80 0	0 90 0
Batteries à pied non montées. Maréchal des logis chef	1 62 0	1 77 0	2 02 0
Maréchal des logis et fourrier	0 96 0	1 11 0	1 31 0
Brigadier	0 67 0	0 82 0	0 92 0
Artificier	0 51 0	0 66 0	0 76 0
Ouvrier en bois ou en fer	....	....	....
Canonnier servant de 1re classe	0 41 0	0 56 0	0 66 0
Canonnier servant de 2e classe	0 52 0	0 47 0	0 57 0
Trompette	0 53 0	0 70 0	0 80 0
Enfant de troupe. avant l'âge de 14 ans	....	0 28 5	0 48 5
à l'âge de 14 ans	0 52 0	0 47 0	0 57 0

ET SOLDATS.

JOUR, supplément de solde dans Paris.	SOLDE D'ABSENCE, PAR JOUR, en semestre ou en congé.	à l'hôpital.	à l'hôpital, étant en semestre ou en congé avec solde.	OBSERVATIONS.
f. c.	f. c	f. c.	f. c.	
0 98 8	1 56 0	0 90 6	0 45 3	Ces fixations sont applicables aux adjudants de batterie.
0 51 6	0 67 0	....	....	
....	....	....	....	Voir le tableau n° 11.
0 42 0	0 55 0	....	....	
0 40 0	0 40 0	....	....	
0 33 2	0 44 0	....	....	
0 09 0	0 09 0	....	....	Voir le 4e § des observations générales qui précèdent le tarif.
0 51 6	0 67 0	....	....	
0 33 2	0 44 0	....	....	
0 30 5	0 30 5	....	....	
0 23 0	0 23 0	....	....	
0 18 0	0 18 0	....	....	
0 13 3	0 13 3	....	....	
0 18 0	0 18 0	....	....	La solde de 1er ou 2e canonnier servant, avec un supplément de 5 cent. pour les journées de présence seulement.
0 13 5	0 13 3	....	....	
....	....	....	....	
0 18 0	0 18 0	....	....	
0 13 0	0 13 0	....	....	
0 23 0	0 23 0	....	....	
0 51 6	0 67 0	....	....	
0 33 2	0 44 0	....	....	
0 30 5	0 30 5	....	....	
0 18 0	0 18 0	....	....	
0 13 0	0 13 0	....	....	
0 08 5	0 08 5	....	....	
0 18 0	0 18 0	....	....	La solde de 1er ou 2e canonnier servant, avec un supplément de 5 cent. pour les journées de présence seulement.
0 13 5	0 13 5	....	....	
....	....	....	....	
0 18 0	0 18 0	....	....	
0 13 0	0 13 0	....	....	
0 25 0	0 25 0	....	....	
0 47 6	0 62 0	....	....	
0 29 2	0 59 0	....	....	
0 23 5	0 23 5	....	....	La solde de 1er ou 2e canonnier servant, avec un supplément de 5 cent. pour les journées de présence seulement.
0 18 0	0 18 0	....	....	
....	....	....	....	
0 13 0	0 13 0	....	....	
0 08 5	0 08 5	....	....	
0 20 0	0 20 0	....	....	
0 09 2	....	....	....	Ou la solde de trompette, s'il en fait titulairement le service.
0 08 5	....	....	....	

(N° 25 *) **RÉGIMENT**

OFFI

	GRADES.	SOLDE DE PRÉSENCE,				
				PAR JOUR,		
		par an.	par mois.	en station ou en campagne.	en marche en corps ou en détachement.	supplément de solde dans Paris.
		fr.	fr. c.	fr. c.	fr. c.	fr. c.
État-major	Colonel .	6,250	520 83 3	17 36 1	22 36 1	3 47 2
	Lieutenant-colonel	5,300	441 66 6	14 72 2	19 72 2	2 94 4
	Chef d'escadron et major	4,500	375 00 0	12 50 0	16 50 0	2 50 0
	Adjudant-major.					
	Trésorier	2,400	200 00 0	6 66 6	9 66 6	1 66 6
	Officier d'habillement.					
	Chirurgien .. { major	....	....	....	....	....
	Chirurgien .. { aide-major	....	....	....	....	....
Compagnies.	Capitaine.. { en premier	2,800	233 33 3	7 77 7	10 77 7	1 94 4
	Capitaine.. { en second	2,400	200 00 0	6 66 6	9 66 6	1 66 6
	Lieutenant { en premier	1,850	154 16 6	5 13 8	7 63 8	1 71 2
	Lieutenant { en second	1,650	137 50 0	4 58 3	7 08 3	1 52 7

SOUS-OFFICIERS

	GRADES.	SOLDE DE PRÉSENCE, PAR JOUR,			
		avec vivres de campagne ou sans vivres.	en station, avec le pain seulement.	en marche en corps, avec le pain.	supplément de solde dans Paris.
		fr. c.	fr. c.	fr. c.	fr. c.
Petit état-major.	Adjudant sous-officier	2 90 0	3 03 0	3 90 0	0 94 8
	Maîtres charpentier, forgeron, cordier	1 62 0	1 77 0	1 87 0	0 47 6
	Sergent-clairon	1 48 0	1 63 0	1 83 0	0 42 0
	Caporal-clairon	0 79 0	0 94 0	1 04 0	0 23 5
	Maîtres { armurier	0 96 0	1 11 0	1 31 0	0 29 2
	Maîtres { tailleur, cordonnier	0 27 0	0 42 0	0 52 0	0 06 0
Compagnies.	Sergent-major	1 62 0	1 77 0	2 02 0	0 47 6
	Sergent et fourrier	0 96 0	1 11 0	1 31 0	0 29 2
	Caporal	0 84 0	0 93 0	1 09 0	0 34 0
	Maître ouvrier	0 69 0	0 84 0	0 94 0	0 26 5
	Pontonnier { de 1re classe	0 49 0	0 64 0	0 74 0	0 17 0
	Pontonnier { de 2e classe	0 40 0	0 55 0	0 63 0	0 12 5
	Clairon	0 50 0	0 65 0	0 75 0	0 12 5
Enfant de troupe	avant l'âge de 14 ans	....	0 34 0	0 54 0	0 12 0
	à l'âge de 14 ans	0 31 0	0 46 0	0 56 0	0 08 0

(*) N° 62 des tarifs de l'ordonnance du 8 décembre 1810.

DE PONTONNIERS.

CIERS.

SOLDE D'ABSENCE, PAR JOUR,				OBSERVATIONS.
en semestre ou en congé.	à l'hôpital.	à l'hôpital étant en semestre ou en congé avec solde.	en captivité.	
fr. c.	fr. c.	fr. c.	fr. c.	(A) La moitié de la solde du grade et de la classe.
8 68 0	14 36 1	5 68 0	8 68 0	
7 36 1	11 72 2	4 36 1	7 36 1	
6 25 0	9 50 0	3 25 0	6 25 0	
3 33 3	4 66 6	1 33 3	(A)	Ou la solde de capitaine en premier, s'ils sont pourvus de ce grade.
. . . .	. . . .	. . . .	. . . .	Voir le tableau n° 8.
3 88 8	5 77 7	1 88 8	3 88 8	
3 33 3	4 66 6	1 33 3	3 33 3	
2 56 9	3 63 8	1 06 9	2 56 9	
2 29 1	3 08 3	0 79 1	2 29 1	

ET SOLDATS.

SOLDE D'ABSENCE, PAR JOUR,			OBSERVATIONS.
en semestre ou en congé.	à l'hôpital.	à l'hôpital étant en semestre ou en congé avec solde.	
fr. c.	fr. c.	fr. c.	
1 31 0	0 87 5	0 43 6	
0 62 0	. . . .	. . . .	
0 55 0	. . . .	. . . .	
0 25 5	0 10 0	. . . .	
0 39 0	. . . .	. . . .	
0 06 0	. . . .	. . . .	Voir le 4ᵉ § des observations générales qui précèdent le tarif.
0 62 0	. . . .	. . . .	
0 39 0	. . . .	. . . .	
0 34 0	. . . .	. . . .	
0 26 5	. . . .	. . . .	
0 17 0	. . . .	. . . .	
0 12 5	. . . .	. . . .	
0 12 5	0 10 0	. . . .	J. M. officiel, 2ᵉ sem. 1841, p. 320. Tarif approuvé par le roi, le 21 octobre 1841.
. . . .	. . . .	. . . .	Ou la solde de clairon, s'il en fait titulairement le service.
. . . .	. . . .	. . . .	

(N° 26 *) **COMPAGNIES D'OUVRIERS D'ARTILLERIE.**

OFFICIERS.

GRADES.	SOLDE DE PRÉSENCE, PAR JOUR,					SOLDE D'ABSENCE, PAR JOUR,				OBSERVATIONS.
	par an.	par mois.	en station ou en campagne.	en marche en corps ou en détachement.	supplément de solde dans Paris.	en semestre ou en congé.	à l'hôpital.	à l'hôpital, étant en semestre ou en congé avec solde.	en captivité.	
	f.	f. c.	f. c.	f. c.	f. c.	f. c.	f. c.	f. c.	f. e.	
Capitaine.. { en premier	2,800	233 33 3	7 77 7	10 77 7	1 94 4	3 88 8	5 77 7	1 88 8	3 88 8	
{ en second	2,400	200 00 0	6 66 6	9 66 6	1 66 6	3 33 3	4 66 6	1 33 3	3 33 3	
Lieutenant { en premier	1,850	154 16 6	5 13 8	7 63 8	1 71 2	2 56 9	3 63 8	1 06 9	2 56 9	
{ en second	1,630	137 50 0	4 38 3	7 08 3	1 52 7	2 29 1	3 08 3	0 79 1	2 29 1	

SOUS-OFFICIERS ET SOLDATS.

GRADES.	SOLDE DE PRÉSENCE, PAR JOUR,				SOLDE D'ABSENCE, PAR JOUR,			OBSERVATIONS.
	avec vivres de campagne ou sans vivres	en station avec le pain seulement.	en marche en corps, avec le pain.	supplément de solde dans Paris.	en semestre ou en congé.	à l'hôpital.	à l'hôpital, étant en semestre ou en congé avec solde.	
	f. c.	f. c.	f. c.	f. c.	f. c.	f. c.	f. c.	
Sergent-major	1 97 0	2 12 0	2 37 0	0 61 6	0 79 5	. . . .	. . . .	
Sergent et fourrier	0 96 0	1 11 0	1 31 0	0 29 2	0 39 0	. . . .	. . . .	
Caporal	0 84 0	0 99 0	1 09 0	0 34 0	0 34 0	. . . .	. . . .	
Maître ouvrier	0 79 0	0 94 0	1 04 0	0 31 5	0 31 5	. . . .	. . . .	
Ouvrier.. { de 1re classe	0 68 0	0 83 0	0 93 0	0 26 5	0 26 5	. . . .	. . . .	
{ de 2e classe	0 55 0	0 68 0	0 78 0	0 19 0	0 19 0	. . . .	. . . .	
{ de 3e classe	0 43 0	0 38 0	0 68 0	0 14 0	0 14 0	. . . .	. . . .	
Clairon	0 53 0	0 68 0	0 78 0	0 14 0	0 14 0	0 10 0	. . . .	J. M. off., 2e sem. 1841, p. 320. Tarif approuvé par le roi, le 21 octobre 1841. Ou la solde de clairon, s'il en fait titu-lairement le service.
Enfant de { avant l'âge de 14 ans	....	0 34 0	0 54 0	0 12 0	. . . .	. . . .	. . . .	
troupe.... { à l'âge de 14 ans	0 31 0	0 46 0	0 56 0	0 08 0	. . . .	. . . .	. . . .	

(*) N° 23 des tarifs de l'ordonnance du 5 décembre 1840.

(N° 27*) **ESCADRONS DU TRAIN DES PARCS D'ARTILLERIE.**

OFFICIERS.

		SOLDE DE PRÉSENCE.				SOLDE D'ABSENCE, PAR JOUR,				
			PAR JOUR,							
GRADES.	par an.	par mois.	en station ou en campagne.	en marche en corps ou en détach.	supplément de solde dans Paris.	en semestre ou en congé.	à l'hôpital.	à l'hôpital, étant en semestre ou en congé avec solde.	en captivité.	OBSERVATIONS.
	fr.	fr. c.	fr. c.	fr. c.	fr. c.	fr. c.	fr. c.	fr. c.	fr. c.	
ÉTAT-MAJOR. Lieutenant-colonel	5,300	441 66 6	14 72 2	19 72 2	2 94 4	7 36 1	11 72 2	4 36 1	7 36 1	
Chef d'escadron	4,500	575 00 0	12 50 0	16 50 0	2 50 0	6 25 0	9 50 0	3 25 0	6 25 0	
Capitaine-major / Capitaine adjudant-major / Trésorier / Officier d'habillement	2,500	208 33 3	6 94 4	9 94 4	1 75 6	3 47 2	0 94 4	1 47 2	(A)	(A) La moitié de la solde du grade.
Chirurgien-major / Chirurgien aide-major	.....	.....	.....	.....	.....	.....	.....	.....	.....	Voir le tableau n° 8.
COMPA-GNIES. Lieutenant	1,350	154 16 6	5 13 8	7 63 8	1 71 2	2 56 9	3 63 8	1 06 9	2 56 9	
Sous-lieutenant	1,600	155 33 3	4 44 4	6 94 4	1 48 1	2 22 2	3 19 4	0 97 2	2 22 2	

SOUS-OFFICIERS ET SOLDATS.

	SOLDE DE PRÉSENCE, PAR JOUR,					SOLDE D'ABSENCE, PAR JOUR,			
GRADES.	avec vivres de campagne.	en station avec le pain seulement.	en marche en corps, avec le pain.	en marche isolément sans vivres.	supplément de solde dans Paris.	en semestre ou en congé.	à l'hôpital.	à l'hôpital, étant en semestre ou en congé avec solde.	OBSERVATIONS.
	fr. c.	fr. c.	fr. c.	fr. c.	fr. c.	fr. c.	fr. c.	fr. c.	
PETIT ÉTAT-MAJOR Adjudant sous-officier	3 75 0	3 10 0	4 00 0	2 95 0	0 98 8	1 36 0	0 90 6	0 45 3	Voir le tableau n° 11.
Vétérinaire	.....	.....	.....	.....	.....	.....	.....	.....	
Brigadier-trompette	1 98 0	1 15 0	1 58 0	0 98 0	0 46 0	0 47 5	.....	.....	
Maîtres { armurier éperonnier	1 59 0	1 16 0	1 41 0	1 01 0	0 45 2	0 41 0	.....	.....	Voir le 4e § des observat. générales qui précèdent le tarif.
Maîtres { tailleur, bottier, sellier-bourrelier	1 05 0	0 55 0	0 58 0	0 18 0	0 19 0	0 09 0	.....	.....	
COMPA-GNIES. Maréchal des logis chef	2 45 0	1 82 0	2 12 0	1 67 0	0 61 6	0 67 0	.....	.....	
Maréchal des logis et fourrier	1 59 0	1 16 0	1 41 0	1 01 0	0 45 2	0 44 0	.....	.....	
Brigadier	0 97 0	0 87 0	1 02 0	0 72 0	0 40 5	0 30 5	.....	.....	
Soldat de 1re classe	0 57 0	0 61 0	0 76 0	0 46 0	0 28 0	0 18 0	.....	.....	
Soldat de 2e classe	0 51 0	0 55 0	0 70 0	0 40 0	0 25 0	0 15 0	.....	.....	
Maréchal ferrant	0 57 0	0 51 0	0 76 0	0 56 0	0 28 0	0 18 0	.....	.....	
Bourrelier	0 57 0	0 51 0	0 76 0	0 56 0	0 28 0	0 18 0	.....	.....	
Trompette	0 65 0	0 80 0	1 05 0	0 65 0	0 42 5	0 52 5	.....	.....	
Enfant de troupe { avant l'âge de 14 ans	.....	0 50 0	0 55 0	.....	0 12 5	.....	.....	.....	Ou la solde de trompette, s'il en fait titulairement le service.
Enfant de troupe { à l'âge de 14 ans	0 51 0	0 55 0	0 70 0	0 40 0	0 25 0	.....	.....	.....	

(*) N° 27 des tarifs de l'ordonnance du 6 décembre 1830.

(N° 28*.) **RÉGIMENTS**

OFFI

SOLDE DE PRÉSENCE,

	GRADES.	PAR AN.	PAR MOIS.	en station ou en campagne	en marche en corps, ou en détachement.	Supplément de solde dans Paris.
		f.	f. — c.	f. c.	f. c.	f. c.
État-Major..	Colonel.....................	6,250	520 83 3	17 36 1	22 36 1	3 47 2
	Lieutenant-colonel.........	5,300	441 66 6	14 72 2	19 72 2	2 94 4
	Chef de bataillon et major..	4,500	375 00 0	12 50 0	16 50 0	2 50 0
	Adjudant-major........... / Trésorier................ / Officier d'habillement...... / Officier adjoint au trésorier.	2,400	200 00 0	6 66 6	9 66 6	1 66 6
	Officier adjoint au trésorier.	......	....	....	....	....
	Chirurgien { major.........	»	»	»	»	»
	Chirurgien { aide-major....	»	»	»	»	»
Compagnies de sapeurs ou mineurs.	Capitaine.. { en premier ...	2,800	233 33 3	7 77 7	10 77 7	1 94 4
	Capitaine.. { en second.....	2.400	200 00 0	6 66 6	9 66 6	1 66 6
	Lieutenant { en premier ...	1,850	154 16 6	5 13 8	7 63 8	1 71 2
	Lieutenant { en second.....	1,650	137 50 0	4 58 3	7 08 3	1 52 7
Compagnies de sapeurs conducteurs	Capitaine . { en premier ...	3,000	250 00 0	8 33 3	11 33 3	2 08 3
	Capitaine . { en second....	2,600	216 66 6	7 22 2	10 22 2	1 80 5
	Lieutenant { en premier ...	2,050	170 83 3	5 69 4	8 19 4	1 89 8
	Lieutenant { en second.....	1,850	154 16 6	5 13 8	7 63 8	1 71 2

SOUS-OFFICIERS

SOLDE DE PRÉSENCE, PAR JOUR,

	GRADES.	avec vivres de campagne ou sans vivres.	en station, avec le pain seulement.	en marche en corps, avec le pain.	Supplément de solde dans Paris.
		f. c.	f. c.	f. c.	f. c.
Petit état-major..	Adjudant sous-officier.........	2 90 0	3 03 0	3 90 0	0 94 8
	Tambour-major	1 23 0	1 38 0	1 65 0	0 32 0
	Caporal-tambour	0 79 0	0 94 0	1 04 0	0 25 5
	Musicien-soldat	....	1 11 0	1 31 0	0 29 2
	Maîtres { armurier,............	0 96 0	1 11 0	1 31 0	0 29 2
	Maîtres { tailleur, cordonnier...	0 27 0	0 42 0	0 52 0	0 06 0
Compagnies..	Serg.-major et mar. des logis chef	1 62 0	1 77 0	2 02 0	0 47 6
	Sergent, mar. des logis et fourr.	0 96 0	1 11 0	1 31 0	0 29 2
	Caporal et brigadier...........	0 67 0	0 82 0	0 92 0	0 25 5
	Artificier ou maître ouvrier.....	0 54 0	0 69 0	0 79 0	0 19 0
	Mineur-sapeur et sapeur conducteur { de 1re classe	0 48 0	0 63 0	0 73 0	0 16 5
	Mineur-sapeur et sapeur conducteur { de 2e classe.	0 43 0	0 58 0	0 68 0	0 14 0
	Maréchal ferrant et bourrelier...	0 36 0	0 51 0	0 76 0	0 28 0
	Id. admis à la 1re classe. (Art. 305 de l'ordonnance du 16 mars 1838.).............	0 48 0	0 63 0	0 76 0	0 28 0
	Tambour....................	0 53 0	0 68 0	0 78 0	0 14 0
	Trompette..................	0 63 0	0 80 0	1 05 0	0 42 5
Enfant de troupe.	avant l'âge de 14 ans...........	....	0 34 0	0 54 0	0 12 0
	à l'âge de 14 ans.............	0 31 0	0 46 0	0 56 0	0 08 0

(*) N° 22 des tarifs de l'ordonnance du 3 décembre 1830

DU GÉNIE.

CIERS.

SOLDE D'ABSENCE, PAR JOUR,				OBSERVATIONS.
en semestre ou en congé.	à l'hôpital.	à l'hôpital, étant en semestre ou en congé avec solde.	en captivité.	
f. c.	f. c.	f. c.	f. c.	
8 68 0	14 36 1	5 68 0	8 68 0	(A) La moitié de la solde du grade et de la classe.
7 36 1	11 72 2	4 36 1	7 36 1	
6 25 0	9 50 0	3 25 0	6 25 0	
5 33 3	4 66 6	1 33 3	(A)	Ou la solde de capitaine en premier, s'ils sont pourvus de ce grade.
....	....	....	....	La solde de son grade ou de sa classe.
»	»	»	»	Voyez le tableau n° 8.
»	»	»	»	
3 88 8	5 77 7	1 88 8	3 88 8	
3 33 3	4 66 6	1 33 3	3 33 3	
2 56 9	3 65 8	1 06 9	2 56 9	
2 29 1	3 08 5	0 79 1	2 29 1	
4 16 6	6 33 3	2 16 6	4 16 6	L'augmentation de 200 fr. que consacre le tarif approuvé par le Roi (*Journal Milit. offic.*, 2ᵉ sem. 1841, p. 320) en faveur des compagnies de sapeurs-conducteurs, est exclusivement applicable à la solde d'activité.
3 61 1	5 22 2	1 61 1	3 61 1	
2 84 7	4 19 4	1 34 7	2 84 7	
2 56 9	3 65 8	1 06 9	2 56 9	

ET SOLDATS.

SOLDE D'ABSENCE, PAR JOUR,			OBSERVATIONS.
en semestre ou en congé.	à l'hôpital.	à l'hôpital, étant en semestre ou en congé avec solde.	
f. c.	f. c.	f. c.	
1 31 0	0 87 3	0 43 6	
1 42 5	....	....	
0 25 5	0 10 0	....	
....	....	....	La solde de sapeur.
0 39 0	....	....	Voir le 4ᵉ § des observations générales qui précèdent le tarif.
0 06 0	....	....	
0 62 0	....	....	
0 50 0	....	....	
0 25 5	....	....	
0 19 0	....	....	
0 16 5	....	....	
0 14 0	....	....	
0 18 0	....	....	
0 18 0	....	....	*Journal Militaire officiel*, 2ᵉ sem. 1841, p. 520. Tarif approuvé par le roi le 21 octobre 1841.
0 14 0	0 10 0	....	
0 32 5	....	....	
....	....	....	Ou la solde de tambour, s'il en fait titulairement le service.
....	....	....	

(n° 29 *) **COMPAGNIES D'OUVRIERS**

OFFI

GRADES.		PAR AN.	PAR MOIS.	SOLDE DE PRÉSENCE,		
				PAR JOUR,		
				en station ou en campagne.	en marche en corps ou en détachement.	supplément de solde dans Paris.
		f.	f. c.	f. c.	f. c.	f. c.
Capitaine..	en premier.......	2,800	233 33 3	7 77 7	10 77 7	1 94 4
	en second........	2,400	200 00 0	6 66 6	9 66 6	1 66 6
Lieutenant	en premier.......	1,850	154 16 6	5 13 8	7 63 8	1 71 2
	en second........	1,650	137 50 0	4 58 3	7 08 3	1 52 7

SOUS-OFFICIERS

GRADES.	SOLDE DE PRÉSENCE,			
	PAR JOUR,			
	avec vivres de campagne ou sans vivres	en station, avec le pain seulement.	en marche en corps, avec le pain.	supplément de solde dans Paris.
	f. c.	f. c.	f. c.	f. c.
Sergent-major............................	1 97 0	2 12 0	2 37 0	0 61 6
Sergent et fourrier.........................	0 96 0	1 11 0	1 31 0	0 29 2
Caporal.................................	0 84 0	0 99 0	1 09 0	0 34 0
Maître ouvrier...........................	0 79 0	0 94 0	1 04 0	0 31 5
Ouvrier.... de 1re classe...................	0 68 0	0 83 0	0 93 0	0 26 5
Ouvrier.... de 2e classe...................	0 53 0	0 68 0	0 78 0	0 19 0
Apprenti................................	0 43 0	0 58 0	0 68 0	0 14 0
Tambour................................	0 53 0	0 68 0	0 78 0	0 14 0
Enfant de troupe... avant l'âge de 14 ans...........	......	0 34 0	0 54 0	0 12 0
Enfant de troupe... à l'âge de 14 ans	0 31 0	0 46 0	0 56 0	0 08 0

(*) N° 26 des tarifs de l'ordonnance du 5 décembre 1840.

DU GÉNIE.

CIERS.

SOLDE D'ABSENCE, PAR JOUR,				OBSERVATIONS.
en semestre ou en congé.	à l'hôpital.	à l'hôpital, étant en semestre ou en congé avec solde.	en captivité.	
f. c.	f. c.	f. c.	f. c.	
3 88 8	5 77 7	1 88 8	3 88 8	
3 33 3	4 66 6	1 33 3	3 33 3	
2 56 9	3 63 8	1 06 9	2 56 9	
2 29 1	3 08 3	0 79 1	2 29 1	

ET SOLDATS.

SOLDE D'ABSENCE, PAR JOUR,			OBSERVATIONS.
en semestre ou en congé.	à l'hôpital.	à l'hôpital, étant en semestre ou en congé avec solde.	
f. c.	f. c.		
0 79 3	....	....	
0 39 0	....	....	
0 34 0	....	....	
0 31 5	....	....	
0 26 5	....	....	
0 19 0	....	....	
0 14 0	....	....	
0 14 0	0 10 0	....	*Journal Militaire officiel*, 2e semestre 1841, p. 320. Tarif approuvé par le roi le 21 octobre 1841.
....	....	....	
....	....	....	Ou la solde de tambour, s'il en fait titulairement le service.

SOLDE ET REVUES.

(N° 30*) DIRECTION DES PARCS DU TRAIN

GRADES.	SOLDE DE PRÉSENCE SUR LE PIED DE PAIX,		
	par an.	par mois.	par jour.
	f.	f. c.	f. c.
Colonel	6,250	520 83 3	17 36 1
Lieutenant-colonel	5,300	444 66 6	14 72 2
Chef d'escadron	4,500	375 00 0	12 50 0
Officiers attachés à l'état-major.... Capitaine...... en premier	2,500	208 33 3	6 94 4
Capitaine...... en second	2,300	191 66 6	6 38 8
Lieutenant.... en premier	1,850	154 16 6	5 13 8
Lieutenant.... en second	1,650	137 50 0	4 58 3
Sous-lieutenant	1,600	133 33 3	4 44 4
Capitaine en résidence fixe	2,300	191 66 6	6 38 8
Garde d'équipage de 1re classe	1,800	150 00 0	5 00 0
de 2e classe	1,500	125 00 0	4 16 6
de 3e classe	1,200	100 00 0	3 33 3
de 4e classe	900	75 00 0	2 50 0
Ouvriers d'état Chef	1,500	125 00 0	4 16 6
Sous-chef	1,200	100 00 0	3 33 3
Ouvrier	540	45 00 0	1 50 0
Portier-consigne	600	50 00 0	1 66 6
Aide-portier-consigne	»	»	1 00 0

(*) N° 27 des tarifs de l'ordonnance du 5 décembre 1840.

(N° 31*) ESCADRONS DU TRAIN DES

OFFI

GRADES.	SOLDE DE PRÉSENCE,		PAR JOUR,		
	PAR AN.	PAR MOIS.	en station ou en campagne.	en marche en corps ou en détachement.	Supplément de solde dans Paris
	f.	f. c.	f. c.	f. c.	f. c.
Etat-major. Lieutenant-colonel	5,300	444 66 6	14 72 2	19 72 2	2 94 4
Chef d'escadron	4,500	375 00 0	12 50 0	16 50 0	2 50 0
Capitaine-major					
Trésorier (capitaine, lieutenant ou sous-lieutenant)	2,500	191 66 6	6 38 8	9 38 8	1 59 7
Officier d'habillement et d'armement (capitaine, lieutenant ou sous-lieutenant)					
Lieutenant instructeur chargé des fonctions d'adj.-maj.	»	»	»	»	»
Adjoint au trésorier	»	»	»	»	»
Officiers de santé	»	»	»	»	»
Compagnies Capitaine.. en premier	2,500	208 33 3	6 94 4	9 94 4	1 73 6
Capitaine.. en second	2,300	191 66 6	6 38 8	9 38 8	1 59 7
Lieutenant en premier	1,850	154 16 6	5 13 8	7 63 8	1 71 2
Lieutenant en second	1,650	137 50 0	4 58 3	7 08 3	1 52 7
Sous-lieutenant	1,600	133 33 3	4 44 4	6 94 4	1 48 1

(*) N° 28 des tarifs de l'ordonnance du 8 décembre 1840.

NOTA. Le tableau n° 31 ci-dessus est extrait en partie du *Journal Militaire officiel*, 1er sem. 1842, p. 258.

DES ÉQUIPAGES MILITAIRES.

SOLDE DE PRÉSENCE SUR LE PIED DE GUERRE,			SOLDE D'ABSENCE PAR JOUR,			OBSERVATIONS.
par an.	par mois.	par jour.	en congé et en captivité.	à l'hôpital.	à l'hôpital, étant en congé avec solde	
f.	f. c.	f. c.	f. c.	f. c.	f. c.	
6,250	520 83 3	17 36 1	8 68 0	14 36 1	5 68 0	La solde de professeur de dessin et de mathématiques élémentaires est la même que celle des professeurs de dessin dans les écoles d'artillerie. (*Journal Militaire officiel*, 1er sem. 1842, p. 258.)
5,300	441 66 6	14 72 2	7 36 1	11 72 2	4 36 1	
4,500	375 00 0	12 50 0	6 25 0	9 50 0	3 25 0	
2,500	208 33 3	6 94 4	3 47 2	4 94 4	1 47 2	
2,300	191 66 6	6 38 8	3 19 4	4 38 8	1 19 4	
1,850	164 16 6	5 13 8	2 56 9	3 63 8	1 06 6	
1,650	137 50 0	4 58 3	2 29 1	3 08 3	0 79 1	
1,600	133 33 3	4 44 4	2 22 2	3 19 4	0 97 2	
2,300	191 66 6	6 38 8	3 19 4	4 38 8	1 19 4	Modification insérée au *Journal Militaire officiel*, 2e sem. 1841, p. 319. Tarif approuvé par le roi le 21 octobre de ladite année.
2,400	200 00 0	6 66 6	2 50 0	3 33 3	0 83 3	
2,000	166 66 6	5 55 5	2 08 3	2 77 7	0 69 4	
1,600	133 33 3	4 44 4	1 66 6	2 22 2	0 55 5	
1,200	100 00 0	3 33 3	1 25 0	1 66 6	0 41 6	
1,700	141 66 6	4 72 2	2 08 3	2 77 7	0 69 4	
1,400	116 66 6	3 88 8	1 66 6	2 22 2	0 55 5	
800	66 66 6	2 22 2	0 75 0	1 00 0	0 25 0	
600	50 00 0	1 66 6	0 83 3	1 11 1	0 27 8	*J. M. offic.*, 1er S. 1842, p. 258.
»	» » »	1 00 0	0 50 0	0 66 6	0 16 6	Idem.

ÉQUIPAGES MILITAIRES.
CIERS.

en semestre ou en congé.	à l'hôpital	à l'hôpital, étant en semestre ou en congé avec solde.	en captivité.	OBSERVATIONS.
f. c.	f. c.	f. c.	f. c.	(A) La moitié de la solde du grade et de la classe.
7 36 1	11 72 2	4 36 1	7 36 1	
6 25 0	9 50 0	3 25 0	6 25 0	
3 19 4	4 38 8	1 19 4	(A)	Ou la solde de capitaine en premier, s'ils y ont droit par leur ancienneté dans ce grade.
»	»	»	»	La solde de son grade et de sa classe, avec le quart en sus, quand il est en fonctions.
»	»	»	»	La solde de son grade et de sa classe.
»	»	»	»	Voir le tableau n° 8.
3 47 2	4 94 4	1 47 2	3 47 2	
3 19 4	4 38 8	1 19 4	3 19 4	*Journal Militaire officiel*, 2e semestre 1841, p. 320. Tarif approuvé par le roi le 21 octobre 1841.
2 56 9	3 63 8	1 06 9	2 56 9	
2 29 1	3 08 3	0 79 1	2 29 1	
2 22 2	3 19 4	0 97 2	2 22 2	

(Suite du n° 31.) SOUS-OFFICIERS ET SOLDATS.

	GRADES.	SOLDE DE PRÉSENCE, PAR JOUR,					SOLDE D'ABSENCE, PAR JOUR,			OBSERVATIONS.
		avec vivres de campagne.	en station avec le pain seulement.	en marche en corps, avec le pain.	en marche isolément sans vivres	Supplément de solde dans Paris.	en semestre ou en congé	à l'hôpital.	à l'hôpital, étant en semestre ou en congé avec solde.	
		f. c.	f. c.	f. c.	f. c.	f. c.	f. c.	f. c.	f. c.	
Petit état-major.	Adjudant sous-officier.......	2 78 0	2 05 0	3 05 0	1 88 0	0 70 0	0 87 5	0 58 3	0 29 1	
	Vétérinaire	....	....	....	....	....	....	....	....	Voir le tableau n° 11.
	Trompette major	2 08 0	1 65 0	1 85 0	1 48 0	0 42 0	0 53 0	....	....	
	Brigadier-trompette	1 98 0	1 13 0	1 38 0	0 98 0	0 46 0	0 47 5	....	....	
	Maîtres { armurier............	1 59 0	1 06 0	1 41 0	0 91 0	0 43 2	0 44 0	....	....	
	tailleur-culottier, bottier, sellier-bourr..	1 05 0	0 48 0	0 58 0	0 53 0	0 19 0	0 09 0	....	....	Voir le 4e § des observations générales qui précèdent le tarif.
Compagnie.	Maréchal des logis chef	2 43 0	1 72 0	2 12 0	1 57 0	0 61 0	0 67 0	....	....	
	Maréchal des logis et maréchal des logis fourrier..........	1 59 0	1 06 0	1 41 0	0 91 0	0 43 2	0 44 0	....	....	
	Brigadier-fourrier	1 22 0	0 97 0	1 27 0	0 82 0	0 41 3	0 40 0	....	....	
	Brigadier..................	0 97 0	0 77 0	1 02 0	0 62 0	0 40 5	0 30 5	....	....	
	Soldat { de 1re classe........	0 57 0	0 54 0	0 76 0	0 56 0	0 28 0	0 18 0	....	....	
	de 2e classe........	0 51 0	0 43 0	0 70 0	0 50 0	0 23 0	0 15 0	2.......	....	
	Maréchal ferrant .... Sellier-bourrelier...........	0 57 0	0 51 0	0 76 0	0 36 0	0 28 0	0 18 0	....	....	
	Forgeron, charron..........									
	Trompette.................	0 65 0	0 80 0	1 05 0	0 65 0	0 42 5	0 32 5	....	....	
	Elève trompette............	0 51 0	0 45 0	0 70 0	0 30 0	0 25 0	0 15 0	....	....	
	Enfant { av. l'âge de 14 ans.	....	0 30 0	0 55 0	....	0 12 5	....	....	....	
	de troupe { à l'âge de 14 ans...	0 51 0	0 43 0	0 70 0	0 30 0	0 25 0	....	....	....	Ou la solde de trompette, s'il en fait titulairement le service.

(N° 32*) **COMPAGNIES D'OUVRIERS DU TRAIN DES ÉQUIPAGES MILITAIRES.**

OFFICIERS.

GRADES.	SOLDE DE PRÉSENCE,		PAR JOUR,			SOLDE D'ABSENCE, PAR JOUR,				OBSERVATIONS.
	par an.	par mois.	en station ou en campagne.	en marche en corps ou en détachement.	Supplément de solde dans Paris.	en semestre ou en congé.	à l'hôpital.	à l'hôpital, étant en semestre ou en congé avec solde.	en captivité.	
	fr.	fr.	fr. c.	fr. c.	fr. c.	fr. c.	fr. c.	fr. c.	fr. c.	
Capitaine.. { en premier......	2,500	208 33 3	6 94 4	9 94 4	1 73 6	3 47 2	4 94 4	1 47 2	3 47 7	Rectification faite d'après le tarif approuvé par le roi le 21 octobre 1841, 2e sem. 1841, p. 320. *J. M. off.*
Capitaine.. { en second......	2,300	191 66 6	6 38 8	9 38 8	1 59 7	3 19 4	4 38 8	1 19 4	3 19 4	
Lieutenant { en premier.....	1,850	154 16 6	5 13 8	7 63 8	1 71 2	2 56 9	3 63 8	1 06 9	2 56 9	
Lieutenant { en second......	1,650	137 50 0	4 58 3	7 08 3	1 52 7	2 29 1	3 08 3	0 79 1	2 29 1	Les sous-lieutenants employés comme lieutenants en second reçoivent la solde du grade dont ils remplissent les fonctions.
Sous-lieutenant............	1,600	133 33 3	4 44 4	6 94 4	1 48 1	2 22 2	3 19 4	0 97 2	2 22 2	

SOUS-OFFICIERS ET SOLDATS.

GRADES.	SOLDE DE PRÉSENCE, PAR JOUR,				SOLDE D'ABSENCE, PAR JOUR,			OBSERVATIONS.
	avec vivres de campagne ou sans vivres.	en station, avec le pain seulement.	en marche en corps, avec le pain.	supplément de solde dans Paris.	en semestre ou en congé.	à l'hôpital.	à l'hôpital, étant en semestre ou en congé avec solde.	
	fr. c.	fr. c.	fr. c.	fr. c.	fr. c.	fr. c.	fr. c.	
Sergent-major...............	1 97 0	2 12 0	2 37 0	0 61 6	0 79 5	....	....	
Sergent et fourrier...........	0 96 0	1 11 1	1 31 0	0 29 2	0 39 0	....	....	
Caporal....................	0 84 0	0 99 0	1 09 0	0 34 0	0 34 0	....	....	
Maître ouvrier..............	0 79 0	0 94 0	1 04 0	0 31 5	0 31 5	....	....	
Ouvrier.. { de 1re classe	0 68 0	0 83 0	0 93 0	0 26 5	0 26 5	....	....	
Ouvrier.. { de 2e classe........	0 55 0	0 68 0	0 78 0	0 19 0	0 19 0	....	....	
Ouvrier.. { de 3e classe........	0 43 0	0 58 0	0 68 0	0 14 0	0 14 0	....	....	
Tambour	0 41 0	0 56 0	0 66 0	0 08 0	0 08 0	0 10 0	....	
Enfant de troupe { avant l'âge de 14 ans	....	0 34 0	0 54 0	0 12 0	....	....	....	Ou la solde de tambour, s'il en fait titulairement le service.
Enfant de troupe { à l'âge de 14 ans...	0 31 0	0 46 0	0 56 0	0 08 0	....	....	....	

(*) N° 29 des tarifs de l'ordonnance du 5 décembre 1840.

(N° 33*) **COMPAGNIES**

OFFI

GRADES.		SOLDE DE PRÉSENCE,				
				PAR JOUR,		
		par an.	par mois.	en station ou en campagne.	en marche en corps ou en détachement.	Supplément de solde dans Paris.
		fr.	fr. c.	fr. c.	fr. c.	fr c.
Compagnies de s.-officiers et de fusiliers (A).	Capitaine	2,000	166 66 6	5 55 5	8 55 5	1 38 8
	Lieutenant	1,450	120 83 3	4 02 7	6 52 7	1 34 2
	Sous-lieutenant	1,350	112 50 0	3 75 0	6 25 0	1 25 0
Compagnies de canonniers vétérans et de vétérans du génie.	Capitaine.. { en premier	2,400	200 00 0	6 66 6	9 66 6	1 66 6
	{ en second	2,000	166 66 6	5 55 5	8 55 5	1 38 8
	Lieutenant { en premier	1,750	145 83 3	4 86 1	7 36 1	1 62 0
	{ en second	1,450	120 83 3	4 02 7	6 52 7	1 34 2
Compagnies de gendarmes vétérans.	Capitaine.. { en premier	2,200	183 33 3	6 11 1	9 11 1	1 52 7
	{ en second	1,800	150 00 0	5 00 0	8 00 0	1 25 0
	Lieutenant { en premier	1,550	129 16 6	4 30 5	6 80 5	1 43 5
	{ en second	1,350	112 50 0	3 75 0	6 25 0	1 25 0
Compagnies de cavaliers vétérans.	Capitaine	2,300	191 66 6	6 38 8	9 38 8	1 59 7
	Lieutenant	1,600	133 33 3	4 44 4	6 94 4	1 48 1
	Sous-lieutenant	1,500	125 00 0	4 16 6	6 66 6	1 38 8

SOUS-OFFICIERS

GRADES.		SOLDE DE PRÉSENCE, PAR JOUR,			
		avec vivres de campagne ou sans vivres	en station, avec le pain seulement.	en marche en corps, avec le pain.	Supplément de solde dans Paris.
		fr. c.	fr. c.	fr. c.	fr. c.
Compagnies de sous-officiers.	Sergent-major	1 63 0	1 70 0	2 05 0	0 58 0
	Sergent et fourrier	1 05 0	1 10 0	1 40 0	0 42 0
	Caporal	0 73 0	0 78 0	0 98 0	0 37 5
	Sous-officier	0 47 0	0 52 0	0 72 0	0 25 0
	Tambour	0 62 0	0 67 0	0 87 0	0 25 0
	Enfant de troupe		0 35 0	0 55 0	0 12 5
Compagnies de fusiliers..	Sergent-major	0 98 0	1 13 0	1 38 0	0 22 0
	Sergent et fourrier	0 60 0	0 75 0	0 95 0	0 14 8
	Caporal	0 41 0	0 56 0	0 66 0	0 12 5
	Fusilier	0 25 0	0 40 0	0 50 0	0 05 0
	Tambour	0 35 0	0 50 0	0 60 0	0 05 0
	Enfant de troupe		0 25 0	0 45 0	0 07 5

(*) N° 30 des tarifs de l'ordonnance du 8 décembre 1840.

DE VÉTÉRANS.

CIERS.

SOLDE D'ABSENCE, PAR JOUR,				OBSERVATIONS.
en semestre ou en congé.	à l'hôpital.	à l'hôpital, étant en semestre ou en congé avec solde.	en captivité	
fr. c.	fr. c.	fr. c.	fr. c.	(A) La solde des lieutenants et sous-lieutenants des compagnies de sous-officiers vétérans qui sont pourvus du grade supérieur à celui dont ils exercent l'emploi est fixée comme il suit :
2 77 7	3 55 5	0 77 7	2 77 7	
2 01 3	2 52 7	0 51 3	2 01 3	
1 87 5	2 50 0	0 62 5	1 87 5	
3 33 3	4 66 6	1 33 3	3 33 3	SAVOIR :
2 77 7	3 55 5	0 77 7	2 77 7	Lieutenant.............. 1,600 fr. par an.
2 43 0	3 36 1	0 93 0	2 43 0	Sous-lieutenant......... 1,450 id.
2 01 3	2 52 7	0 51 3	2 01 3	
3 05 5	4 11 1	1 05 0	3 05 5	
2 50 0	3 00 0	0 50 0	2 50 0	
2 15 2	2 80 5	0 65 2	2 15 2	
1 87 5	2 50 0	0 62 5	1 87 5	
3 19 4	4 38 8	1 19 4	3 19 4	
2 22 2	2 94 4	0 72 2	2 22 2	
2 08 3	2 91 6	0 83 3	2 08 3	

ET SOLDATS.

SOLDE D'ABSENCE, PAR JOUR,			OBSERVATIONS.
en semestre ou en congé.	à l'hôpital.	à l'hôpital, étant en semestre ou en congé avec solde.	
fr. c	fr. c.	fr. c.	
0 64 5	0 40 3	....	
0 44 5	0 27 0	....	
0 29 5	0 17 0	....	
0 17 0	0 08 6	....	
0 17 0	0 25 6	....	
....	....	....	
0 30 0	....	....	Les sous-officiers, caporaux et soldats des compagnies de fusiliers vétérans sont assimilés pour la solde à ceux de l'infanterie.
0 21 0	....	....	
0 12 5	....	....	
0 05 0	....	....	Les hommes provenant des anciennes compagnies de fu-
0 05 0	0 10 0	....	siliers sédentaires conservent les suppléments de solde dé-
....	....	....	terminés par l'ordonnance du 26 juillet 1831.

(Suite du Nᵒ 33.) Suite des SOUS-OFFICIERS

GRADES.	SOLDE DE PRÉSENCE, PAR JOUR,			
	avec vivres de campagne ou sans vivres.	en station avec le pain seulement.	en marche, en corps avec le pain.	supplément de solde dans Paris.
	fr. c.	fr. c.	fr. c.	fr. c.
Compagnies de canonniers vétérans et de vétérans du génie. Sergent-major	1 65 0	1 70 0	2 05 0	0 58 0
Sergent et fourrier	1 05 0	1 10 0	1 40 0	0 42 0
Caporal	0 73 0	0 78 0	0 98 0	0 37 5
Canonnier et vétéran du génie	0 47 0	0 52 0	0 72 0	0 25 0
Tambour	0 57 0	0 62 0	0 82 0	0 25 0
Enfant de troupe	....	0 35 0	0 55 0	0 12 5
Compagnies de gendarmes vétérans. Sergent-major	1 65 0	1 70 0	2 05 0	0 58 0
Sergent et fourrier	1 05 0	1 10 0	1 40 0	0 42 0
Caporal	0 73 0	0 78 0	0 98 0	0 37 5
Gendarme	0 47 0	0 52 0	0 72 0	0 25 0
Tambour	0 62 0	0 67 0	0 87 0	0 25 0
Enfant de troupe	....	0 35 0	0 55 0	0 12 5
Compagnies de cavaliers vétérans. Maréchal des logis chef	1 18 0	1 53 0	1 58 0	0 30 0
Maréchal des logis et maréchal des logis fourrier	0 88 0	1 03 0	1 23 0	0 26 0
Brigadier fourrier	0 68 0	0 83 0	1 03 0	0 18 0
Brigadier	0 48 0	0 63 0	0 73 0	0 16 0
Cavalier de 1ʳᵉ classe	0 58 0	0 53 0	0 63 0	0 11 5
Cavalier de 2ᵉ classe	0 33 0	0 48 0	0 58 0	0 09 0
Trompette	0 70 0	0 85 0	0 95 0	0 27 5
Enfant de troupe	»	0 29 0	0 40 0	0 09 5

(Nᵒ 34*.) **COMPAGNIES D'INFIR**

GRADES.	SOLDE DE PRÉSENCE, PAR JOUR,			
	avec les vivres d'hôpital, et à l'armée avec les vivres de campagne.	sans vivres d'aucune espèce. Hors Paris.	sans vivres d'aucune espèce. Dans Paris.	en marche, en corps ou en détachement, sans le pain.
	fr. c.	fr. c.	fr. c.	fr. c.
Sergent-major	1 28 0	1 83 0	2 13 0	2 23 0
Infirmiers — Majors. Sergent et sergent-tailleur / Fourrier	0 75 0	1 28 0	1 53 0	1 63 0
Caporal	0 63 0	1 08 0	1 28 0	1 33 0
Soldats de 1ʳᵉ classe	0 48 0	0 93 0	1 05 0	1 18 0
Soldats de 2ᵉ classe	0 38 0	0 83 0	0 93 0	1 08 0
Clairon	0 38 0	0 83 0	0 95 0	1 08 0

(*) Nᵒ 31 des tarifs de l'ordonnance du 5 décembre 1840.

ET SOLDATS.

SOLDE D'ABSENCE, PAR JOUR,			OBSERVATIONS.
en semestre ou en congé	à l'hôpital.	à l'hôpital, étant en semestre ou en congé avec solde.	
fr. c.	fr. c.	fr. c.	
0 64 5	0 40 5	....	
0 44 5	0 27 0	....	
0 29 5	0 17 0	....	
0 17 0	0 08 6	....	
0 17 0	0 18 6	....	*J. M. offic.* 2e sem. 1841, p. 520. Tarif approuvé par le roi le 21 octobre.
....	....	....	
0 64 5	0 40 5	....	
0 44 5	0 27 0	....	
0 29 5	0 17 0	....	
0 17 0	0 08 6	....	
0 17 0	0 23 6	....	
....	....	....	
0 40 0	....	....	
0 35 0	»	»	
0 25 0	»	»	
0 16 0	»	»	
0 11 5	»	»	Assimilés pour la solde aux sous-officiers, brigadiers et
0 09 0	»	»	cavaliers des régiments de cuirassiers. (Voir *J. M. offic.*, 1er
0 27 5	»	»	sem. 1843, page 53).
»	»	»	

MIERS MILITAIRES.

SOLDE D'ABSENCE, PAR JOUR,			OBSERVATIONS.
en congé ou en permission.	à l'hôpital.	à l'hôpital, étant en congé avec ou sans solde.	
fr. c.	fr. c.	fr. c.	
0 45 0	....	....	
0 25 0	....	....	Lorsque les sous-officiers et soldats infirmiers voyagent isolément, ils ont droit à la solde dite *avec vivres d'hô-pital* ou *vivres de campagne*, cumulativement avec l'indemnité de route.
0 20 0	....	....	Les sous-officiers et soldats nourris dans les hôpitaux n'ont pas droit à la solde spéciale de séjour dans Paris.
0 15 0	....	....	Les soldats des corps de troupe employés comme auxiliaires sont nourris à la portion entière des malades, et
0 10 0	....	....	reçoivent la solde de leur corps sans aucun prélèvement
0 10 0	....	....	au profit de l'ordinaire.

(N° 35 *.) MILITAIRES EMPLOYÉS AU SERVICE DU RECRUTEMENT.

DÉSIGNATION des GRADES ET EMPLOIS.	SOLDE et SUPPLÉMENTS DE SOLDE.	OBSERVATIONS.
	Militaires employés dans les dépôts de recrutement et de réserve.	
Officiers..............	La solde attribuée à leur grade et à leur classe, dans l'arme dont ils font partie, avec le supplément d'un cinquième. (*J. M. offic.*, 1er sem. 1841, p. 345.)	
Sous-Officiers.........	La solde affectée aux militaires de leur grade, dans les corps dont ils sont détachés, avec un supplément de 40 cent. par jour. Ceux qui appartiennent aux compagnies d'élite jouissent de la solde attribuée à cette position. (*J. M. offic.*, 1er sem. 1841, p. 345, § 3 de la décision ministérielle du 31 mai 1841.)	
	*Militaires détachés extraordinairement pour la conduite des recrues **.*	
Officiers..............	La solde de leur grade et de leur classe dans leur arme, avec le supplément d'un cinquième.	
Sous-officiers, caporaux ou brigadiers et soldats.	La solde de leur grade dans leur arme avec les suppléments ci-après : Sous-officier............ 25 cent. par jour. Caporal ou brigadier..... 20 Id. Soldat............ ...... 10 Id Tambour ou clairon...... 15 Id.	Lorsque les conducteurs en chef sont pris parmi les soldats, ils reçoivent le supplément accordé aux caporaux. Sont traités comme soldats, sauf le cas ci-dessus, les conducteurs pris dans les compagnies de sous-officiers vétérans, qui n'y occupent pas l'emploi de sergent ou de caporal.
	Militaires en non-activité, en retraite ou en réforme, employés au même service.	
Officiers et sous-officiers.	Officiers, le complément de la solde d'activité de leur grade dans l'infanterie, plus le cinquième de cette même solde ; Sous-officiers : le complément de la solde de leur grade dans l'infanterie (compagnies du centre) augmenté du supplément de 26 centimes.	Ces allocations sont payées sur les fonds affectés au service du recrutement.

(*) N° 32 des tarifs de l'ordonnance du 5 décembre 1840.

(**) Les allocations attribuées à ces militaires sont aussi applicables à ceux employés comme auxiliaires près des dépôts de recrutement, soit pour les écritures, soit pour les revues des hommes composant la réserve (art. 5 de l'ordonnance du 15 mars 1841. (*J. M. offic.*, 1er sem., p. 93.)

(N° 36 *.) MILITAIRES EMPLOYÉS AU SERVICE DE LA REMONTE GÉNÉRALE.

DÉSIGNATION DES GRADES ET EMPLOIS.	SOLDE et SUPPLÉMENTS DE SOLDE.	OBSERVATIONS.
Officiers supérieurs et autres.	La solde de leur grade et de leur classe, avec le supplément d'un cinquième.	Le supplément du cinquième est dû à dater du lendemain de l'arrivée des officiers et des vétérinaires dans les dépôts ou succursales de remonte, et pour les journées effectives de service. Il cesse d'être alloué : 1° Aux officiers des détachements régimentaires, à compter du lendemain de leur retour au corps ;
Vétérinaires	La solde de leur grade, telle qu'elle est déterminée au tableau n° 11, avec un supplément fixe par an, savoir : pour les vétérinaires principaux, à........ 500 f. vétérinaires en 1er... 340 aides-vétérinaires... 280 sous-aides vétérin. 250 (*J. M. offic.*, 1er semestre 1845, p. 86 ; ordonnance royale sur les vétérinaires militaires.)	2° Aux officiers et vétérinaires employés dans les dépôts ou succursales, à dater du jour de leur départ de ces établissements, à moins qu'ils ne conduisent un détachement de chevaux à leurs régiments. Dans ce dernier cas, ils restent en possession du supplément jusqu'au jour inclus de leur rentrée au corps, comme les officiers des détachements régimentaires. Le supplément du cinquième cesse également d'être alloué : 1° Pour le temps de leur route, aux officiers qui passent d'un établissement dans un autre ; 2° Pour les journées de permission ou de congé et d'hôpital à ceux qui, pendant la durée de leur mission, se trouvent dans l'une ou l'autre de ces positions. Ces allocations sont dues à partir du lendemain de l'arrivée des sous-officiers, brigadiers et cavaliers dans les dépôts ou succursales de remonte, jusqu'au jour inclus de leur rentrée au corps, sauf le cas de séjour à l'hôpital et de permission ou de congé. Elles sont exclusives du droit à la fourniture du pain lorsqu'elles se cumulent avec l'indemnité de route ou l'indemnité particulière de découcher. Les hommes qui se rendent pour la première fois dans un établissement de remonte, ou qui y retournent pour prendre des chevaux, sont traités selon la règle commune. Ils reçoivent, en conséquence, durant leur marche, et à l'exclusion du supplément de 5 centimes, la solde de route, s'ils sont en détachement, ou la solde dite *sans vivres*, s'ils voyagent isolément.
Sous-officiers, brigadiers, cavaliers et cavaliers vétérans.	La solde de station de leur grade et de leur arme, avec un supplément de 5 cent. par jour.	

(*) N° 55 des tarifs de l'ordonnance du 5 décembre 1840.

(N° 37*.) SOLDE DE DISPONIBILITÉ (A).

ÉTATS-MAJORS.		FIXATION		SOLDE d'hôpital.
	PAR AN.	PAR MOIS.	PAR JOUR.	PAR JOUR.
	f. c.	f. c.	f. c.	f. c.
État-major général. { Lieutenant général............	9,495 00	791 25 0	26 37 5	....
Marechal de camp............	6,330 00	527 50 0	17 58 3	....
Corps royal d'état-major. { Colonel	3,970 00	330 83 3	11 02 7	8 02 7
Lieutenant-colonel	3,433 00	286 25 0	9 54 1	6 54 1
Chef d'escadron..............	2,792 50	252 70 8	7 75 6	4 75 6
Capitaine (B).. { de 1re classe ...	1,762 50	146 87 5	4 89 5	2 89 5
de 2e classe....	1,562 50	130 20 8	4 34 0	2 34 0
Intendance militaire. { Intendant militaire...........	6,147 50	512 29 1	17 07 6	....
Sous-intendant { de 1re classe...	3,970 00	330 83 3	11 02 7	8 02 7
de 2e classe....	3,495 00	291 25 0	9 70 8	6 70 8
Adjoint { de 1re classe...	2,792 50	252 70 8	7 75 6	4 75 6
à l'intendance { de 2e classe....	1,612 50	134 37 5	4 48 0	2 48 0
État-major particulier de l'artillerie. { Colonel......................	3,970 00	330 83 3	11 02 7	8 02 7
Lieutenant-colonel	3,433 00	286 25 0	9 54 1	6 54 1
Chef d'escadron..............	2,792 50	252 70 8	7 75 6	4 75 6
Capitaine..... { en premier.....	1,580 00	151 66 6	4 58 8	2 58 8
en second......	1,580 00	115 00 0	3 83 3	1 83 5
État-major particulier du génie. { Colonel......................	3,970 00	330 83 3	11 02 7	8 02 7
Lieutenant-colonel	3,433 00	286 25 0	9 54 1	6 54 1
Chef d'escadron..............	2,792 50	252 70 8	7 75 6	4 75 6
Capitaine..... { en premier.....	1,580 00	151 66 6	4 58 8	2 58 8
en second......	1,580 00	115 00 0	3 83 3	1 83 5
Lieutenant	1,105 00	92 08 3	3 07 0	1 57 0
Capitaine au corps royal d'état-major (solde transitoire) (B)............................	1,612 50	134 37 5	4 48 0	2 48 0

Solde de la deuxième section (réserve) du cadre de l'état-major général.

	PAR AN.	PAR MOIS.	PAR JOUR.	
	f. c.	f. c.	f. c.	
Lieutenant général........................	9,000 00	750 00 0	25 00 0	....
Maréchal de camp........................	6,000 00	500 00 0	16 66 6	....

(A) La solde de disponibilité comprend la moitié de la solde d'activité et des indemnités de logement et de fourrages.

(B) Cette fixation est applicable aux capitaines qui, en vertu de la décision royale du 16 août 1838, ont conservé transitoirement la jouissance de la solde de disponibilité qui avait été fixée, pour ce grade, par le tableau n° 82 du tarif annexé à l'ordonnance du 25 décembre 1837.

SOLDE ET REVUES.
(N° 38*.) PRISONNIERS DE GUERRE.

			SOLDE de station dans les Dépôts		SOLDE d'absence à l'hôpital.	
			par mois.	par jour.	Par jour.	
			f. c.	f. c.	f. c.	
OFFICIERS	Prisonniers de guerre de toutes les puissances indistinctement, assimilés, par leurs grades ou emplois, aux grades, dans l'armée française, de......	lieutenant général..........	250 00 0	8 33 3	7 33 3	Les officiers promus à de nouveaux grades par leur gouvernement depuis leur captivité, n'ont droit qu'au traitement du grade qu'ils avaient lorsqu'ils ont été faits prisonniers de guerre.
		maréchal de camp ou intendant militaire.................	166 66 6	5 55 5	4 55 5	
		colonel ou sous-intendant militaire................	100 00 0	3 33 3	2 33 3	
		lieutenant colonel..........	83 33 3	2 77 7	1 77 7	
		chef de bataillon ou adjoint à l'intendance militaire.......	75 00 0	2 50 0	1 50 0	
		capitaine.................	50 00 0	1 66 6	1 00 0	
		lieutenant.................	37 50 0	1 25 0	0 75 0	
		sous-lieutenant	29 16 0	0 97 2	0 55 6	
		médecin, chirurgien, pharmacien........ (principal)	75 00 0	2 50 0	1 97 7	
		médecin ordinaire, chirurgien, pharmacien (major)........	50 00 0	1 66 6	1 00 0	
		médecin adjoint, chirurgien aide-, pharmacien major........	37 50 0	1 25 0	0 85 0	
		chirurgien sous aide major ...	29 16 0	0 97 2	0 64 0	
TROUPE...	Prisonniers de guerre (les Anglais exceptés), assimilés, par leurs grades, aux grades dans l'armée française, de...	adjudant, tambour-major, sergent-maj., sergent et fourrier..	....	0 36 0	0 05 0	
		caporal-tambour, caporal.............	....	0 26 5	0 05 0	
		musicien, tambour, soldat..............	....	0 18 5	0 05 0	NOTA. Les otages sont traités comme non-combattants lorsqu'ils n'ont pas de moyens d'existence.
	(Les non-combattants sont assimilés aux soldats). Il est accordé aux interprètes, en sus de la solde attribuée au grade auquel ils sont assimilés, un supplément de 75 cent. par journée de présence. Il n'y a qu'un seul interprète pour 500 hommes.					
	Prisonniers de guerre anglais, quel que soit le grade auquel ils sont assimilés..........		....	0 07 5	0 02 5	

Les sous-officiers et soldats et les non-combattants, prisonniers de guerre (les Anglais exceptés), ont droit à une ration de pain et à une ration de chauffage par jour.

Les prisonniers de guerre anglais, bas-officiers, soldats et non-combattants ont droit, pour chaque journée de présence, à une ration de pain ou biscuit, une ration de viande, une ration de riz ou de légume, une ration de sel et une ration de chauffage.

Les femmes et les enfants, prisonniers de toutes les puissances, n'ont droit, en station, qu'à une ration de pain et à une ration de chauffage.

On délivre à tous les prisonniers, hommes, femmes et enfants, présents au dépôt, pour leur coucher, des demi-fournitures ou de la paille de couchage. Cette dernière fourniture se calcule d'après le nombre de journées de station et se régularise par des revues.

Les prisonniers de guerre anglais, bas-officiers, soldats, non combattants, femmes et enfants, ont droit à une masse d'entretien fixée à 6 fr. par an pour chaque prisonnier, et à une masse de linge et chaussure fixée à 5 cent. par jour, aussi pour chaque prisonnier. Ces deux masses sont décomptées d'après le nombre de journées de présence en station et d'absence à l'hôpital. Elles s'administrent en commun, et les prisonniers n'en reçoivent aucun décompte.

La solde des prisonniers de guerre travailleurs (les Anglais exceptés) ne doit pas leur être payée. Elle est mise en réserve pour former une masse d'habillement dont l'emploi est déterminé spécialement par le Ministre de la guerre.

La solde et les fournitures en nature ne sont dues aux prisonniers qu'à dater du lendemain de leur arrivée au dépôt. L'indemnité de route allouée aux prisonniers de guerre, et qui leur tient lieu de toute solde pendant la marche, est payée conformément à l'ordonnance réglementaire sur les frais de route.

(*) N° 35 des tarifs de l'ordonnance du 4 décembre 1850.

(N° 39 *.) SURVEILLANTS DES DÉPOTS DE PRISONNIERS DE GUERRE
Et Conducteurs de convois de Prisonniers de guerre.

DÉSIGNATION DES FONCTIONS A EXERCER près les prisonniers de guerre.	SOLDE par AN.	SOLDE par MOIS.	SOLDE par JOUR.	OBSERVATIONS.
	f.	f.	f.	
DÉPOTS.				
Commandant de dépôt pris parmi les officiers ou sous-officiers de la gendarmerie............	. . . .	. . .	. . . . . .	N'a droit à aucune solde pour cet emploi.
Commandant de dépôt pris parmi les militaires en retraite ou en réforme....	. . . .	. . . . . .	. . . . .	Le complément nécessaire pour, avec sa solde de retraite ou son traitement de réforme, porter son traitement à 100 francs par mois.
Surveillant.................	3'0	30	1	
CONVOIS EN MARCHE.				
Pris dans les corps.....	. . . .	. . . . . .	. . . . .	Ont droit aux suppléments de solde accordés aux conducteurs des recrues.
Pris parmi les militaires en réforme ou en retraite		.		Ont droit, pour le temps de leur marche, au même complément de solde que les militaires en réforme ou en retraite employés à la conduite des détachements de recrues, et, en outre, à l'augmentation de solde en route, s'ils sont au nombre de six, et à l'indemnité de route, s'ils sont au-dessous de ce nombre.

NOTA. Il ne peut y avoir qu'un seul commandant par dépôt de prisonniers de 500 hommes et au-dessous. Dans les dépôts excédant cette force, il peut y avoir, outre le commandant, un officier ou sous-officier chargé du détail.

(*) N° 38 des tarifs de l'ordonnance du 5 décembre 1840.

(N° 40 *.) SUPPLÉMENT A LA SOLDE DE ROUTE
Pour les distances d'étapes parcourues en un jour en sus de la première.

DÉSIGNATION DES GRADES.	FIXATION DU SUPPLÉMENT par distance d'étape.		OBSERV.
CORPS DE TOUTES ARMES.	f.	c.	(1) J. M. off., 1er s. 1843, pag. 86.
Colonel et lieutenant-colonel....................	2	00	
Chef de bataillon ou d'escadron, major.............	1	60	
Capit., adjud.-major, trésorier, offic. d'habill., chirurg.-major, vétérin. principal (1)	1	20	
Lieut., s.-lieut., chirurg. aide-major, porte-drap., porte-étend., vétérin. en 1er (1)	1	00	
Adjudant sous-officier, aide et sous-aide vétérinaire (1)..........	0	40	
Sergent-major, maréchal des logis chef, tambour-major............ ...	0	16	
Sergent, maréchal des logis, fourrier, trompette-major, maître ouvrier, s'il est sous-officier....................	0	14	
Caporal, caporal-tambour ou clairon, brigadier, brigadier-trompette, musicien, soldat, tambour, clairon, trompette, maître ouvrier, s'il n'est pas sous-officier, enfant de troupe ...	0	10	

(*) N° 37 des tarifs de l'ordonnance du 5 décembre 1840.

(N° 41 *.) HAUTES PAYES.

	Nombre de chevrons.	FIXATION JOURNALIÈRE. INFANTERIE de ligne et légère. Sous-officiers.	FIXATION JOURNALIÈRE. INFANTERIE de ligne et légère. Caporaux et soldats.	FIXATION JOURNALIÈRE. CAVALERIE et armes spéciales. Sous-officiers.	FIXATION JOURNALIÈRE. CAVALERIE et armes spéciales. Caporaux ou Brigadiers et soldats.	OBSERVATIONS.
		f. c.	f. c.	f. c.	f. c.	
Haute paye pour ancienneté de service. (après 7 ans	1	0 10 0	0 08 0	0 15 0	0 12 0	Les canonniers vétérans et les vétérans du génie reçoivent la même hautepaye d'ancienneté que celle réglée pour les armes spéciales. Il n'en est point accordé aux compagnies de sous-officiers, de fusiliers et de gendarmes vétérans.
après 11 ans	2	0 15 0	0 10 0	0 20 0	0 15 0	
après 15 ans	3	0 20 0	0 15 0	0 25 0	0 20 0	
Haute paye au tamb.-maj..		0 f. 32 c. 8		0 f. 32 c. 8		Cette fixation est applicable aux sergents-clairons des bataillons de chasseurs d'Orléans.
Haute paye au caporal-sapeur et au sapeur.......		0 65 0		......		

La haute paye d'ancienneté a été accordée aux cavaliers vétérans par l'ordonnance du 3 fév. 1843.

Dans le régiment des zouaves, la haute paye d'ancienneté indiquée au tarif qui précède est due aux sous-officiers, caporaux et soldats français seulement. Ceux indigènes ont droit à une haute paye spéciale fixée à 3 cent. par jour pour chaque période de trois années consécutives. (J. M. off., 2e sem. 1842, p. 251.)

Dans les spahis, la haute paye est due aux sous-officiers, brigadiers et soldats français seulement: les indigènes la reçoivent sur le pied de 10 cent. après un an de service, et à 15 cent. après trois ans. (J. M. off., 2e sem. 1841, p. 423.)

Dans les bataillons de tirailleurs indigènes, après trois ans de service dans le corps, les sous-officiers et soldats ont droit à une haute paye fixée à 20 cent. pour les adjudants et les sergents-majors, 15 cent. pour les sergents et fourriers, 10 cent. pour les caporaux et tambours, et 5 cent. pour les tirailleurs. (J. M. off., 2e sem. 1841, p. 431.)

(*) N° 38 des tarifs de l'ordonnance du 5 décembre 1840.

(N° 42 *.) INDEMNITÉ POUR FRAIS DE REPRÉSENTATION (A)

GRADES ET EMPLOIS.	FIXATION DE L'INDEMNITÉ			OBSERVATIONS.
	par an.	par mois	par jour	
ÉTATS-MAJORS.	f.	f. c.	f. c.	Les indemnités de représentation attribuées au lieutenant général commandant la 1re division militaire, et au commandant de la place de Paris, sont fixées par des décisions spéciales.
Lieutenant général — Commandant une division militaire, de 1re classe (D)..	9,000	750 00 0	25 00 0	
de 2e classe (c)...	7,000	583 33 3	19 44 4	Le Ministre de la guerre détermine, lorsque des circonstances extraordinaires y donnent lieu, les suppléments d'indemnité de représentation à allouer aux commandants des divisions et des subdivisions militaires.
président d'un comité d'armes....	5,000	416 66 6	13 88 8	
directeur des poudres et salpêtres..	4,500	375 00 0	12 50 0	
Inspecteurs généraux d'armes (D)....	......	....	......	
Maréchal de camp — Officiers généraux employés dans les camps de manœuvres (E)............	......	....	......	
commandant une subdivision militaire de 1re classe (F)......... commandant une brigade dans l'intér. commandant une école d'artillerie.	2,500	208 33 3	6 94 4	Art. 25 de l'ord. du 30 octob. 1844, *J. m offic.*, 2e sem., page 455.
commandant une subdivision militaire de 2e classe (F)..........	2,000	166 66 6	5 55 5	
commandant l'école polytechnique.	6,000	500 00 0	16 66 6	
commandant une école militaire..	4,000	333 33 3	11 11 1	
É.-maj. des places — Commandant de place à Lille, Metz, Strasbourg, Brest, Toulon, Lyon.	2,000	166 66 6	5 55 5	Du 1er oct. au 31 mars, les commandants des places du 1re, 2e et 3e classes reçoivent une indemnité supplémentaire de 50 fr. par mois pour le chauffage de leur bureau.
Commandant d'une autre place de 1re classe....................	1,500	125 00 0	4 16 6	
Commandant d'une place de 2e classe.................	1,200	100 00 0	3 33 3	Lorsque, dans des circonstances extraordinaires, les nécessités du service exigent qu'il soit alloué des frais de bureau à des commandants de places ouvertes, le Ministre détermine la quotité de ces allocations spéciales.
Commandant d'une place de 3e classe....................	800	66 66 6	2 22 2	
Officier supérieur commandant une école du génie....................	1,200	100 00 0	3 33 3	
CORPS DE TROUPE.				
Colonel commandant un régiment — d'infanterie.......... d'artill. ou de pontonn. du génie..........	2,400	200 00 0	6 66 6	Les colonels des régiments de chasseurs d'Afrique, composés de plus de six escadrons, conservent la jouissance de l'indemnité de représentation fixée par l'ordonnance du 31 août 1839
de cavalerie.......... le corps de spahis.....	2,000 / 1,800	166 66 6 / 150 00 0	5 55 5 / 5 00 0	
Officier supérieur commandant un bataillon ou escad. formant corps entier	800	66 66 6	2 22 2	
Id. commandant un bataillon de tirailleurs indigènes.................	900	75 00 0	2 50 0	

(A) Le cinquième de l'indemnité de représentation, à l'exception de celle que reçoivent les chefs de corps, est affectée aux frais matériels de bureau. En cas d'absence du titulaire, cette portion est acquise à son suppléant, comme celle qui s'applique à la représentation même.

(B) Les divisions rangées dans la 1re classe sont les 3e, 5e, 7e, 8e, 11e, 12e, 13e, 14e, 16e, 20e et 21e.

(C) Les divisions rangées dans la 2e classe sont les 2e, 4e, 6e, 9e, 10e, 15e, 17e, 18e et 19e.

(D) En raison de la spécialité de la mission des inspecteurs généraux d'armes, les indemnités extraordinaires auxquelles ils ont droit sont déterminées, chaque année par une décision du Ministre de la guerre. Elles ne sont point passibles de la retenue de 2 %.

(E) L'indemnité de représentation attribuée à ces officiers généraux est fixée par le Ministre de la guerre.

(F) Le classement des subdivisions militaires est déterminé par le Ministre de la guerre.

(*) N° 39 des tarifs de l'ordonnance du 5 décembre 1840.

(N° 43 *.) INDEMNITÉ REPRÉSENTATIVE DE FOURRAGES.

DÉSIGNATION DES ARMES ET DES GRADES.		NOMBRE de RATIONS par JOUR.	OBSERVATIONS.
Etat-major général...	Lieutenant général....	6	L'indemnité représentative de fourrages est invariablement fixée à 1 franc par ration.
	Maréchal de camp.....	4	
Corps royal d'état-major...............	Colonel.................	2	Les capitaines de cavalerie, employés comme officiers d'ordonnance, ont droit à l'indemnité de fourrages sur le pied de deux rations par jour, s'ils justifient avoir conservé leurs chevaux.
	Lieutenant-colonel....	2	
	Chef d'escadron.......	1	
	Capitaine	1	
	Lieutenant officier d'ordonnance	1	
Intendance militaire..	Intendant............	3	
	Sous-intendant.......	2	
	Adjoint à l'intendance.	1	
Etats-majors particuliers de l'artillerie et du génie...........	Colonel..............	2	Les officiers d'artillerie et du génie, employés comme aides de camp près des officiers généraux de ces armes, reçoivent l'indemnité de fourrages pour le nombre de rations allouées aux officiers de leurs grades dans les régiments d'artillerie.
	Lieutenant-colonel	2	
	Chef de bataillon ou d'escadron........ ...	1	
Etat-major des parcs de constructions des équipages militaires..	Colonel..............	2	
	Lieutenant-colonel....	2	
	Chef d'escadron.......	1	
	Capitaine (autre que celui en résidence fixe).	1	
	Lieutenant et sous lieutenant.	1	
Corps de troupes à pied	Colonel...............	2	
	Lieutenant-colonel....	2	
	Chef de bataillon et major.	1	

NOTA. Les droits des officiers employés, soit comme aides de camp ou officiers d'ordonnance du roi et des princes de la famille royale, soit à l'état-major du Ministre de la guerre, ou à ceux de la 1re division militaire et de la place de Paris, sont réglés par des décisions spéciales.

(*) N° 4) des tarifs de l'ordonnance du 5 décembre 1840.

(N° 44 *.) INDEMNITÉS DE LOGEMENT

GRADES.	FIXATION DE DE LOGEMENT,		
	par an.	par mois.	par jour.
	fr.	fr.	fr. c.
ÉTAT-MAJOR GÉNÉRAL ET CORPS ROYAL D'ÉTAT-MAJOR.			
Maréchal de France...... } Lieutenant général....... } commandant en chef une armée.....	6,000	500	16 66 6
Lieutenant général............................	1,800	150	5 00 0
Maréchal de camp................................	1,200	100	3 33 3
Colonel..	960	80	2 66 6
Lieutenant-colonel.............................	840	70	2 33 3
Chef de bataillon ou d'escadron................	720	60	2 00 0
Capitaine......................................	360	30	1 00 0
Lieutenant.....................................	240	20	0 66 6
INTENDANCE MILITAIRE.			
Intendant......................................	1,200	100	3 33 3
Sous-intendant.................................	960	80	2 66 6
Adjoint.............. { de 1re classe..........	720	60	2 00 0
{ de 2e classe..........	360	30	1 00 0
ÉTAT-MAJOR DES PLACES.			
Commandant de place, citadelle, fort ou château..	»	»	»
Major de place.................................	»	»	»
Adjudant de place..............................	»	»	»
Secrétaire-archiviste...... { Officier.........	»	»	»
{ Sous-officier.....	180	15	0 50 0
Aumônier.......................................	360	30	1 00 0
Portier-consigne...............................	144	12	0 40 0
Batelier aide-portier..........................	132	11	0 36 6
ÉTAT-MAJOR DE L'ARTILLERIE ET DU GÉNIE.			
Colonel..	960	80	2 66 6
Lieutenant colonel.............................	840	70	2 33 3
Chef de bataillon ou d'escadron................	720	60	2 00 0
Capitaine et lieutenant........................	360	30	1 00 0
Contrôleur des manufactures d'armes............	»	»	»
Contrôleur et contrôleur adjoint des fonderies..	240	20	0 66 6
Contrôleur d'armes dans les directions.........	144	12	0 40 0
Agent principal comptable de l'artillerie, garde d'artillerie ou du génie, chef et sous-chef d'ouvriers d'état, maître et chef artificier.	180	15	0 50 0
Ouvrier d'état.................................	120	10	0 33 3
ÉCOLE D'ARTILLERIE ET DU GÉNIE.			
Professeur.....................................	360	30	1 00 0
Répétiteur.....................................	180	15	0 50 0
DIRECTION DES PARCS DU TRAIN DES ÉQUIPAGES MILITAIRES.			
Colonel..	960	80	2 66 6
Lieutenant-colonel.............................	840	70	2 33 3
Chef d'escadron................................	720	60	2 00 0
Capitaine, professeur de dessin et de mathématiques élémentaires	360	30	1 00 0
Lieutenant et sous-lieutenant..................	240	20	0 66 6
Garde d'équipage, chef et sous-chef d'ouvriers d'état......	180	15	0 50 0
Ouvrier d'état.................................	120	10	0 33 3
Portier-consigne...............................	144	12	0 40 0
Aide-portier-consigne..........................	132	11	0 36 6
HÔPITAUX MILITAIRES.			
Médecin, chirurgien ou pharmacien inspecteur..	1,500	125	4 16 6
Médecin, chirurgien ou pharmacien principal de 1re et 2e classes..	720	60	2 00 0
Médecin ordinaire, chirurgien ou pharmacien-major.............	360	50	1 00 0

(*) N° 11 des tarifs de l'ordonnance du 5 décembre 1840.

ET D'AMEUBLEMENT.

L'INDEMNITÉ			OBSERVATIONS.
D'AMEUBLEMENT,			
par an.	par mois.	par jour.	
fr.	fr. c.	fr. c.	Voir ci-après le Tableau n° 61 concernant l'armée d'Afrique.
2,000	166 66 6	5 55 5	
600	50 00 0	1 66 6	Les lieutenants généraux commandant les divisions militaires (la 1ʳᵉ exceptée), logés aux frais de l'État, reçoivent une indemnité d'ameublement fixée à 1,800 fr. par an.
400	33 33 3	1 11 1	
320	26 66 6	0 88 8	
280	23 33 3	0 77 7	
240	20 00 0	0 66 6	
180	15 00 0	0 50 0	
120	10 00 0	0 33 3	
400	33 33 3	1 11 1	
320	26 66 6	0 88 8	
240	20 00 0	0 66 6	
180	15 00 0	0 50 0	
»	»	»	
»	»	»	
»	»	»	Selon leur grade.
»	»	»	
90	7 50 0	0 25 0	
180	15 00 0	0 50 0	
»	»	»	
»	»	»	N'ont pas droit à l'indemnité d'ameublement.
320	26 66 6	0 88 8	
280	23 33 3	0 77 7	
240	20 00 0	0 66 6	
180	15 00 0	0 50 0	
»	»	»	N'y a pas droit.
120	10 00 0	0 33 3	
72	6 00 0	0 20 0	
90	7 50 0	0 25 0	
60	5 00 0	0 16 6	
180	15 00 0	0 50 0	
90	7 50 0	0 25 0	
320	26 66 6	0 88 8	
280	23 33 3	0 77 7	
240	20 00 0	0 66 6	
180	15 00 0	0 50 0	
120	10 00 0	0 33 3	
90	7 50 0	0 25 0	
60	5 00 0	0 16 6	
»	»	»	N'ont pas droit à l'indemnité d'ameublement.
»	»	»	*J. M. off.*, 1ᵉʳ semestre 1842, p. 260. Tarif à la suite de la décision royale du 21 mai 1842 sur des escadrons du train des équipages.
600	50 00 0	1 66 6	*J. M. off.*, 2ᵉ sem. 1841, p. 313. Tarif de solde des officiers de santé approuvé par le roi.
240	20 00 0	0 66 6	
180	15 00 0	0 50 0	

(Suite du N° 44.) INDEMNITÉ DE LOGEMENT

GRADES.	FIXATION DE		
	DE LOGEMENT,		
	par an.	par mois.	par jour.
	fr.	fr.	fr. c.
Premier professeur...	»	»	»
Deuxième professeur...	»	»	»
Médecin adjoint, chirurgien ou pharmacien aide-major...........	240	20	0 66 6
Chirurgien et pharmacien aide-major, commissaire et sous-aide. .	240	20	0 66 6
Officier d'administration principal..............................	720	60	2 00 0
Officier d'administration comptable et aumônier.................	360	30	1 00 0
Adjudants d'administration......................................	240	20	0 66 6
SUBSISTANCES MILITAIRES, HABILLEMENT ET CAMPEMENT.			
Officier d'administration principal..............................	720	60	2 00 0
Officier d'administration comptable.............................	360	30	1 00 0
Adjudants d'administration......................................	240	20	0 66 6
CORPS DE TROUPE.			
Colonel...	960	80	2 66 6
Lieutenant-colonel..	840	70	2 33 3
Chef de bataillon ou d'escadron et major.......................	720	60	2 00 0
Trésorier...... { Indemnité personnelle.........................	360	30	1 00 0
{ Indemnité pour l'emplacement du bureau (1).	216	18	0 60 0
Officier payeur en fonction près d'une portion de corps... } Indemnité personnelle.................	»	»	»
} Indemnité pour l'emplacement du bureau (1)	120	10	0 33 3
Officier d'habille- { Indemnité personnelle.....................	360	30	1 00 0
ment.......... { Indemnité pour l'emplacement du bureau (1)...	120	10	0 33 3
Capitaine, adjudant-major, chirurgien-major....................	360	30	1 00 0
Lieutenant, sous-lieutenant, chirurgien aide-major.............	240	20	0 66 6
Vétérinaires principaux...	360	30	1 00 0
Vétérinaires en premier	240	20	0 66 6
Aide-vétérinaire et sous-aide-vétérinaire			

NOTA. Les indemnités de logement et d'ameublement sont augmentées de moitié, en sus pour les officiers et em-des positions donnant droit au supplément de solde (*).

Le commandant d'un dépôt de recrutement et de réserve a droit à un supplément d'indemnité de logement fixé à

L'emplacement nécessaire au service du génie pour le dépôt des papiers, plans et mémoires de chaque place, doit quelques localités, ce fait devrait être constaté par un procès-verbal, et il serait alloué une indemnité représentative

(1) En cas d'absence des trésoriers, officiers payeurs et officiers d'habillement titulaires, leurs suppléants reçoivent

(*) Y compris les inspecteurs généraux exerçant leurs fonctions dans la banlieue de Paris. Voir l'ordonnance du giens ou pharmaciens inspecteurs. Voir le tarif du 19 octobre 1841 (*J. M. offic.*, 2ᵉ sem., p. 313.)

(N° 45*.) INDEMNITÉ POUR

GRADES ET EMPLOIS.
ÉTATS-MAJOR.
1ʳᵉ division militaire......... ....
Chefs d'états-majors des divisions militaires. { 8ᵉ..
12ᵉ...
3ᵉ..
14ᵉ...
7ᵉ, 10ᵉ, 11ᵉ, 16ᵉ...
13ᵉ...
5ᵉ, 20ᵉ, 21ᵉ ....
4ᵉ, 6ᵉ, 17ᵉ, 19ᵉ ....
2ᵉ, 9ᵉ...
15ᵉ, 18ᵉ...

(*) N° 42 des tarifs de l'ordonnance du 5 décembre 1840.

ET D'AMEUBLEMENT.

L'INDEMNITÉ

D'AMEUBLEMENT,			OBSERVATIONS.
par an	par mois.	par jour.	
fr.	fr. c.	fr. c.	
»	»	»	} Selon leur grade.
»	»	»	
120	10 00 0	0 33 3	} J. M. offic., 2e sem. 1841, p. 313. Tarif de solde des officiers
120	10 00 0	0 33 3	} de santé approuvé par le roi.
240	20 00 0	0 66 6	
180	15 00 0	0 50 0	
120	10 00 0	0 33 3	
240	20 00 0	0 66 6	
180	15 00 0	0 50 0	
120	10 00 0	0 33 3	
320	26 66 6	0 88 8	
280	23 33 3	0 77 7	
240	20 00 0	0 66 6	
180	15 00 0	0 50 0	
108	9 00 0	0 30 0	
»	»	»	Celle de son grade.
60	5 00 0	0 16 6	
180	15 00 0	0 50 0	
60	5 00 0	0 16 6	
180	15 00 0	0 50 0	} Les capit. et lieuten. des comp. de discip. recevant la solde du grade supér.,
120	10 00 0	0 33 3	} le même avantage leur est accordé sous le rapport de l'indemnité de logem.
180	15 00 0	0 50 0	J. M. off., 1er sem. 1843, p. 86. Tarif approuvé par le roi.
120	10 00 0	0 33 3	Idem.
. . . .	. . . .	. . . .	N'ont pas droit à l'indemn. de logem. et d'ameub., attendu qu'en raison de la nature de leurs fonct. ils doivent toujours être logés dans les bâtim. milit.

ployés désignés au tableau ci-dessus, lorsqu'ils sont employés à Paris ,intra muros), et qu'ils se trouvent dans une

10 fr. par mois pour l'emplacement de son bureau. Si le logement est fourni sans meubles, le supplément est de 5 fr. être fourni dans les bâtiments militaires, et avec meubles. Toutefois, s'il était absolument impossible d'y pourvoir dans de 10 fr. ou de 5 fr. par mois, selon le cas. cette portion d'indemnité avec l'indemnité de logement de leur grade.

30 décembre 1842 (J. M. offic., 2e sem., p. 314.) — L'augmentation de moitié n'est pas due aux médecins, chirur-

FRAIS DE BUREAUX.

FIXATION			OBSERVATIONS.
par an.	par mois.	par jour.	
fr.	fr. c.	fr. c.	
10,000	833 33 3	27 77 7	
			Dans ces fixations sont comprises les indemnités particulières accordées pour le service des places ouvertes non classées, désignées ci-après :
2,400	200 00 0	6 66 6	Nancy (3e division)............. 400 fr.
2,300	191 66 6	6 38 8	Marseille (8e *idem*)............. 600
2,200	183 33 3	6 11 1	Avignon (8e *idem*).............. 200
2,000	166 66 6	5 55 5	Toulouse (10e *idem*)............ 500
1,800	150 00 0	5 00 0	Nantes (12e *idem*)............. 500
1,700	141 66 6	4 72 2	Rennes (13e *idem*)............. 300
			Rouen (14e *idem*)............ ... 600
1,500	125 00 0	4 16 6	
1,400	116 66 6	3 88 8	
1,200	100 00 0	3 33 3	
1,000	83 33 3	2 77 7	

(Suite du N° 45.)   INDEMNITÉ POUR

GRADES ET EMPLOIS.

Officiers employés aux opérations (Officier supérieur..
    topographiques et géodésiques. (Capitaines, lieutenants, sous-lieutenants................
Intendance militaire...

Commandant de poste militaire, citadelle, fort ou château non classés parmi les places de guerre.

État-major particulier de l'artillerie. — Inspecteurs des, forges / fonderies / manufactures d'armes...
    Vérificateur de la comptabilité des arsenaux...................................
    Directeur d'une direction de 1re classe (A)...................................
    Idem............... ......de 2e classe (B) ....
    Idem................ ....de 3e classe (C)...................................
État-major particulier du génie. — Directeur des fortifications...............................

Direction des parcs du train des équipages militaires. — Colonel ou lieutenant-colonel directeur...............................
    Chef d'escadron commandant un parc...............................

CORPS DE TROUPE (D).

Major........... — Régiment d'infanterie, de cavalerie , d'artillerie, du génie , et école de cavalerie...............................
    Régiment de pontonniers...................................
    Régiment de zouaves...................................

Major, ou officier en remplissant les fonctions. — Bataillon de chasseurs d'Orléans...................................
    Bataillon d'ouvriers d'administration..................................
    Escadron du train des parcs d'artillerie...................................
    Bataillon d'infanterie légère d'Afrique...................................
    Escadron du train des équipages militaires...................................

Officier d'habillement. — Régiment d'infanterie, de cavalerie, du génie...................................
    Ecole de cavalerie et bataillon d'infanterie légère d'Afrique...............................
    Régiment d'artillerie ....
    Bataillons de chasseurs d'Orléans, bataillon d'ouvriers d'administration, et régiment de pontonniers...................................
    Escadron du train des parcs d'artillerie et des équipages militaires...............
    Régiment de zouaves ....
    Corps de spahis (1)...................................

Trésorier.. — Régiment d'infanterie. à 4 bataillons........................... / à 3 id.......................... / à 2 id...........................
    Régiment de zouaves ....
    Régiment de cavalerie, à 6 escadrons........................... / à 5 id.......................... / à 4 id...........................
    Corps des spahis d'Afrique (2)...................................
    Ecole de cavalerie...................................
    Régiment d'artillerie...................................
    Régiment du génie...................................
    Bataillon de chasseurs d'Orléans...................................
    Bataillon d'ouvriers d'administration...................................
    Régiment de pontonniers...................................
    Bataillon d'infanterie légère d'Afrique...................................
    Escadron du train des parcs d'artillerie...................................
    Bataillons des tirailleurs indigènes (3)...................................

    Escadrons du train des équipages militaires...................................

(A) Directions de Paris, Besançon, Douai, Grenoble, la Fère, Metz. Rennes, Strasbourg, Toulouse et Toulon.
(B) Directions de Bastia , Bayonne, Cherbourg, Embrun, la Rochelle, Lille, Mézières, Nantes, Perpignan, Saint-Omer et Valenciennes.

FRAIS DE BUREAUX.

FIXATION			OBSERVATIONS.
par an.	par mois.	par jour.	
fr.	fr. c.	fr. c.	
2,400	200 00 0	6 66 6	Ces indemnités ne sont dues que pour le temps de présence sur le terrain.
1,800	150 00 0	5 00 0	
....	....	....	Les frais de bureaux des officiers de l'intendance militaire sont fixés tous les ans par des décisions spéciales, en raison de l'importance du service dont ces fonctionnaires se trouvent respectivement chargés.
150	12 50 0	0 41 6	Les officiers supérieurs, actuellement chargés par exception d'un commandement de cette nature, conservent la jouissance de l'indemnité dont ils sont en possession.
2,400	200 00 0	6 66 6	
1,800	150 00 0	5 00 0	
1,600	153 33 3	4 44 4	
2,400	200 00 0	6 66 6	Cette fixation est applicable au directeur de l'arsenal du génie.
2,400	200 00 0	6 66 6	
600	50 00 0	1 66 6	
500	25 00 0	0 83 3	
150	12 50 0	0 41 6	
450	37 50 0	1 25 0	*J. M. off.*, 2e sem. 1842, p. 252. Tarif approuvé par le roi pour les zouaves.
150	12 50 0	0 11 6	
150	12 50 0	0 41 6	
250	20 83 3	0 69 4	
200	16 66 6	0 55 5	
250	20 83 3	0 69 4	*J. M. off.*, 1er sem., 1842, p. 260. Tarif à la suite de la décis. royale du 21 mai 1842.
400	33 33 3	1 11 1	
300	25 00 0	0 83 3	
500	41 66 6	1 38 8	
200	16 66 6	0 55 5	
250	20 83 3	0 69 4	*J. M. off.*, 1er sem., 1842, p. 260. *Id.* — 2e sem., 1842, p. 252. Tarif de la solde des zouaves, approuvé par le roi.
550	45 83 3	1 52 7	
»	»	»	
3,000	250 00 0	8 33 3	
2,600	216 66 6	7 22 2	
2,100	175 00 0	5 83 3	
3,200	266 66 6	8 88 8	*J. M. off.*, 2e sem., 1842, p. 252. *Idem.*
1,800	150 00 0	5 00 0	
1,700	141 66 6	4 72 2	
1,600	133 33 3	4 44 4	
....	....	....	*J. M. off.*, 2e sem., 1841, p. 423. Tarif approuvé par le roi, pour le corps des spahis.
1,600	133 33 3	4 44 4	(1) Pour dépenses générales de chaque portion de corps, 200 fr.; en sus, pour chaque escadron, 50 fr. (Décision ministér. du 9 mars 1843.)
3,200	266 66 6	8 88 8	
2,200	183 33 3	6 11 1	
1,500	125 00 0	4 16 6	(2) Pour dépenses générales de chaque portion de corps, 1,200 fr.; en sus, pour chaque escadron, 100 fr. (Décision ministér. du 9 mars 1843.)
1,500	125 00 0	4 16 6	(3) Pour les dépenses générales de chaque bataillon, 400 fr.; en sus, pour chaque compagnie, 100 fr. (Art. 11 de l'arrêté minist. du 30 nov. 1842.
....	....	....	*J. M. off.*, 2e sem., 1842, p. 286. Arrêté minist. du 30 nov. 1842, en exécution de l'ordonnance du 9 décembre 1841. Peloton hors rang, cadre de dépôts et 6 compagnies.—Pour 4 compagnies, le cadre de dépôt et le peloton hors rang, l'allocation n'est que de 1,500 fr.—L'allocation est diminuée de 100 fr. par an, pour chaque comp. qui vient à être dissoute.(*J. M. off.*, 1er s. 1842, p. 260. Tarif à la suite de la décision royale du 21 mai 1842.)
1,500	125 00 0	4 16 6	

(c) Directions de Brest, du Havre, de Montpellier et de Tours.
(D) Les chefs de corps doivent pourvoir à leurs frais de bureau au moyen de l'indemnité qui leur est allouée sous le titre de frais de représentation.

(Suite du N° 45.)   INDEMNITÉ POUR

GRADES ET EMPLOIS.

Officiers et sous-officiers comptables dans les compagnies formant corps entier.
- Compagnie de discipline. — Officier chargé des détails de la comptabilité, pour faire face à toutes les dépenses....
- Compagnies d'ouvriers d'artillerie, du génie, du train des équipages ; compagnies de vétérans. — Commandant de la compagnie chargé de pourvoir à toutes les dépenses........
- Sous-officier chargé des détails de la comptabilité (comme indemnité personnelle).

Chargé des détails dans les dépôts de prisonniers de guerre.
- Frais de bureaux fixes......
- Frais de bureaux supplémentaires
  - dans les dépôts de 500 à 1000 prisonniers..
  - *idem* de 1,000 à 2,000.................
  - *idem* au-dessus de 2,000................

Officier payeur d'un régiment d'infanterie
- dans l'intérieur.........
  - avec 1 bataillon..............
  - 2 *id*...................
  - 3 *id*...................
  - 4 *id*...................
- aux armées.............
  - avec 1 bataillon......
  - 2 *id*...................
  - 3 *id*...................
  - 4 *id*...................

Officier payeur d'un bataillon de chasseurs d'Orléans (1)..............................

Officier payeur du régim^t de zouaves.
- avec 1 bataillon..............
- 2 *id*...................
- 3 *id*...................

Officier payeur d'un régiment de cavalerie.
- dans l'intérieur.........
  - avec 2 escadrons..............
  - 3 *idem*...................
  - 4 *idem*...................
  - 5 *idem*...................
  - 6 *idem*...................
- aux armées.............
  - avec 2 escadrons..............
  - 3 *idem*...................
  - 4 *idem*...................
  - 5 *idem*...................
  - 6 *idem*...................

Commandants des dépôts et succursales de remonte
- Dépôts...............
  - de 1re classe...................
  - de 2e classe...................
- Succursales ....
  - de 1re classe...................
  - de 2e classe...................

Officiers commandant des fractions de corps s'administrant séparément tant dans l'intérieur qu'aux armées.
- Un escadron de cavalerie...................
- Compagnie détachée du bataillon d'ouvriers d'administration...........
- Compagnie détachée d'un régiment du génie...........
- Compagnie détachée du régiment de pontonniers...........
- Batterie détachée d'un régiment d'artillerie...........
- Compagnie détachée du train des parcs d'artillerie...........
- Compagnie détachée du train des équipages militaires...........
- Détachement moindre d'une compagnie ou d'une batterie...........

RETENUES A FAIRE AUX TRÉSORIERS DES CORPS QUI ONT DES PORTIONS DÉTACHÉES.

Régiment d'infanterie et régiment de zouaves.
- Pour 1 bataillon détaché...................
- 2 *idem*...................
- 3 *idem*...................
- 4 *idem*...................

Régiment de cavalerie.
- Pour 1 escadron détaché...................
- 2 *idem*...................
- 3 *idem*...................
- 4 *idem*...................
- 5 *idem*...................
- 6 *idem*...................

Bataillon de chasseurs d'Orléans (pour chaque compagnie détachée à l'armée)...................

Compagnie détachée d'un régiment du génie, du régiment de pontonniers, du bataillon d'ouvriers d'administration...................

Batterie détachée d'un régiment d'artillerie...................

Compagnie détachée du train des parcs d'artillerie...................

Compagnie détachée des escadrons du train des équipages militaires...................

FRAIS DE BUREAUX.

FIXATION				OBSERVATIONS.
par an.	par mois.		par jour	
fr.	fr.	c.	fr.	c
500	41	66 6	1	38 8	
180	15	00 0	0	50 0	
180	15	00 0	0	50 0	
500	25	00 0	0	83 3	
500	25	00 0	0	83 3	
360	30	00 0	1	00 0	
420	35	00 0	1	16 6	
700	58	33 3	1	94 4	
1,400	116	66 6	3	88 8	
1,600	133	33 3	4	44 4	
1,800	150	00 0	5	00 0	
750	62	50 0	2	08 3	
1,600	133	33 3	4	44 4	
1,900	158	33 3	5	27 7	
2,300	191	66 6	6	38 8	
125	10	41 6	0	34 7	
800	66	06 6	2	22 2	
1,700	141	66 6	4	72 2	
2,050	170	83 3	5	69 4	
600	50	00 0	1	66 6	
700	58	33 3	1	94 4	
800	66	66 6	2	22 2	
900	75	00 0	2	50 0	
1,000	83	33 3	2	77 7	
700	58	33 3	1	94 4	
800	66	66 6	2	22 2	
1,000	83	33 3	2	77 7	
1,100	91	66 6	3	05 5	
1,300	108	33 3	3	61 1	
1,500	125	00 0	4	16 6	
1,000	83	33 3	2	77 7	
500	41	66 6	1	38 8	
340	28	33 3	0	94 4	
250	20	83 3	0	69 4	
180	15	00 0	0	50 0	
200	16	66 6	0	55 5	
100	8	33 3	0	27 7	
400	33	33 3	1	11 1	
800	66	66 6	2	22 2	
1,000	83	33 3	2	77 7	
1,200	100	00 0	3	33 3	
60	5	00 0	0	16 6	
120	10	00 0	0	33 3	
180	15	00 0	0	50 0	
240	20	00 0	0	66 6	
300	25	00 0	0	83 3	
360	30	00 0	1	00 0	
50	4	16 6	0	13 8	
50	2	50 0	0	08 3	
40	3	33 3	0	11 1	

OBSERVATIONS.

Il n'est point fait d'allocation particulière de frais de bureaux pour un détachement d'infanterie moindre d'un bataillon; dans ce cas, le trésorier ou l'officier payeur doit pourvoir à la dépense sur son abonnement, sans qu'il y ait lieu à aucune allocation supplémentaire.

(1) Il n'est point fait d'allocation particulière de frais de bureaux pour les détachements stationnés dans l'intérieur. Le trésorier doit pourvoir à cette dépense sur son abonnement, sans qu'il y ait lieu à aucune allocation supplémentaire. A l'armée, l'officier payeur pourvoit, au moyen de son abonnement, à toutes les dépenses de bureau, y compris celles des détachements, s'il en existe. (*J. M. offic.*, 2e sem. 1845, page 482.)

J. M. offic., 2e s. 1842, p. 252. Tarif app. par le roi pour les zouaves.

Il peut être alloué, par décision ministérielle, un supplément d'indemnité de frais de bureaux aux commandants des dépôts et succursales de remonte, lorsque le nombre des chevaux achetés dans le cours d'une année, pour un même établissement, s'élève à plus de mille. Dans ce cas, le supplém. de l'indemnité ne peut excéder 500 fr. Si la portion détachée est moindre d'un escadron, les frais de bureau auxquels donne lieu son administration restent à la charge de l'abonnement du trésorier ou de l'officier payeur.

Les détachements de remonte, en raison de leur effectif peu élevé, n'ont point droit à une indemnité de frais de bureaux. Les dépenses de cette nature que leur administration peut occasionner continuent d'être payées par le trésorier du corps sur son abonnement.

Il n'est fait aucune retenue pour les détachements moindres d'une compagnie ou d'une batterie.

SOLDE ET REVUES.

(N° 46 *). INDEMNITÉ

DE PREMIÈRE MISE DE FRAIS DE BUREAUX AUX RÉGIMENTS, BATAILLONS, ESCADRONS ET COMPAGNIES DE NOUVELLE FORMATION.

DÉSIGNATION DES CORPS.	Fixation de l'indemnité.	OBSERVATIONS.
Régiment d'infanterie de ligne ou légère — à quatre bataillons	800 f.	
à trois id.	750	
à deux id.	700	
à un id.	600	
Pour chaque bataillon d'augmentation	200	
Régiment d'artillerie — à douze batteries	800	
Pour chaque batterie nouvelle	100	
Régiment du génie — Pour un régim. de dix-sept compagnies	700	
Pour chaque nouvelle compagnie de sapeurs ou de mineurs	80	
de sapeurs-conducteurs	100	
Régiment de cavalerie — à six escadrons	800	
à cinq id.	750	
à quatre id.	700	
à trois id.	650	
à deux id.	550	
Pour augmentation de deux escadrons	150	
Pour augmentation d'un escadron	100	
Corps des spahis d'Afrique	»	50 f. par escad. au trésorier et à l'officier de détail.
Escadron du train des parcs d'artillerie — Escadron de six compagnies	500	
Pour chaque compagnie nouvelle	100	
Bataill. de chass. d'Orléans. — Pour chaque compag. nouvelle.	80	
Bataillons de tirailleurs indigènes	»	25 f. par chaq. comp. organisée. (J. M offic., 2e sem. 1842, p. 286)
Régiment de pontonniers. — Pour chaque compagnie nouvelle	80	Arrêté min. du 30 nov. 1842 en exécution de l'ord. du 20 nov. 1842.
Escadron du train des équipages militaires — Peloton hors rang, cadre de dépôt et quatre compagnies	400	
Id. et six compagnies	500	J. M. offic., 1er sem. 1842, p. 260. Tarif approuvé par le roi.
Pour chaque compagnie qui serait ajoutée aux cadres ci-dessus	100	
Bataill. d'ouvriers d'administr — Pour chaque comp. nouvelle	80	
Compagnie d'ouvriers d'artillerie		
— du train des équipages militaires		
— d'ouvriers du génie		
— de discipline		
— de sous-officiers vétérans	100	
— de fusiliers vétérans		
— de canonniers vétérans		
— de gendarmes vétérans		
— de cavaliers vétérans		

(Suite du N° 46 *.) NOMENCLATURE DES OBJETS

A LA CHARGE DES ABONNEMENTS DE FRAIS DE BUREAUX ALLOUÉS AUX CORPS DE TROUPES.

MAJOR.

Un registre des déserteurs ;
Les états de mutations journalières ;
Les pièces, tableaux et états de toute nature relatifs au recrutement ;
Les signalements des déserteurs ;
Les plaintes en désertion ou tout autre délit ;
Les honoraires d'un secrétaire ;
L'emplacement, le chauffage et l'éclairage du bureau ;
Achat de papier, plumes, encre et autres fournitures de bureau.

OFFICIER D'HABILLEMENT.

Un registre des recettes et consommations des étoffes et effets d'habillement ;
Un registre-matricule de l'habillement ;
Un registre-matricule de l'équipement ;
Un registre matricule du harnachement ;
Un registre-matricule de l'armement ;
Un journal des réparations à faire à ces divers objets ;
Un registre des pièces d'armes ;
Un registre de correspondance ;
Les livrets d'armes et de munitions ;
Les demandes d'habillement, etc., et les pièces à l'appui ;
Les bons généraux d'habillement et de harnachement ;
Les bons généraux de petit équipement ;
Les marchés de toute espèce ;
Les états d'habillement des hommes passant à d'autres corps ;

Les honoraires d'un secrétaire ;

Achat de papier, plumes, encre et autres fournitures de bureaux ;

Le chauffage et l'éclairage du bureau, et généralement toutes les dépenses qu'entraîne la gestion du comptable ;

Les fournitures du bureau de l'offic. d'armement.

TRÉSORIER.

Un registre des délibérations ;

Un registre de caisse ;

Un livret des sommes en dépôt dans les caisses du trésor ;

Un registre-journal des recettes et payements ;

Un registre central d'exercice ;

Un registre des situations trimestrielles de la masse individuelle ;

Un registre-matricule des chevaux ;

Un registre des avances et fournitures en route aux militaires isolés ;

Un registre des situations journalières de l'effectif et des distributions de vivres, etc. ;

Un registre des fourneaux économiques ;

Un livret de solde ;

Un registre de correspondance ;

Un registre du capitaine instructeur (cavalerie);

Les registres d'ordre ;

Les livres de compagnie (1re et 2e partie) ;

Les registres de punition ;

Les feuilles de journées et les feuilles d'appel de l'état-major et des compagnies ;

Les feuilles de décompte de la masse individuelle ;

Les feuilles de prêt ;

Les situations et rapports journaliers des compagnies ;

Les billets d'hôpital ;

Les certificats de bonne conduite et ceux d'existence ;

Les congés et permissions de toute nature ;

Les états de situation à fournir au ministère de la guerre et aux états-majors ;

Les états mensuels de mutations des officiers ;

Les bons de subsistances, fourrages et chauffage ;

Les procès-verbaux de pertes de chevaux ;

Les procès-verbaux de délivrance ou de reprise des fourneaux économiques ;

Les certificats de visite et de contre-visite ;

Les mémoires de proposition pour la retraite, etc. ;

Les états de service des officiers ;

Les certificats de cessation de payement ;

Les états de masse des hommes passant à d'autres corps ;

Les divers états à l'appui des revues de liquidation, et enfin les états de solde, bordereaux, feuilles d'émargement et autres imprimés.

Le trésorier doit fournir au lieutenant-colonel les registres ou feuilles à l'usage de cet officier supérieur, savoir :

Un registre du personnel des officiers ;

Un registre d'ordre du régiment ;

Un registre-journal des marches et opérations militaires ;

Un registre des corps de garde de police ;

Un registre des jugements des conseils de discipline ;

Les tableaux d'avancement des sous-officiers et soldats ;

Les feuilles de rapports journaliers.

Il doit aussi payer : 1° aux adjudants et aux sergents-majors, l'indemnité de deux francs par mois qui leur est accordée pour frais de bureaux (1) ; 2° la dépense du chauffage et de l'éclairage de son bureau ; 3° les frais de passe-sacs et les honoraires de ses secrétaires ; 4° les fournitures et ustensiles de bureaux, et généralement toutes les dépenses qu'entraîne sa gestion, de quelque nature qu'elles soient.

Nota. En cas de décès ou de changement de destination d'un trésorier ou d'un officier payeur, le nouveau titulaire doit tenir compte à son prédécesseur ou à sa succession de la valeur relative des registres et des livres de compagnie en service, eu égard à la durée qu'ils ont encore à parcourir. Il doit aussi rembourser la valeur des imprimés qui lui sont remis, s'il peut les utiliser pour son service.

D'après le même principe, lorsqu'une portion de corps destinée à s'administrer séparément se détache de la portion principale, ou que les deux portions se réunissent, le trésorier et l'officier payeur se tiennent également compte entre eux de la valeur relative des livres de compagnie en service.

(N° 47*.) INDEMNITÉ EN REMPLACEMENT D'EAU-DE-VIE.

DÉSIGNATION des divisions militaires.	FIXATION de l'indemnité par jour.	OBSERVAT.	DÉSIGNATION des divisions militaires.	FIXATION de l'indemnité par jour.	OBSERVAT.
1re Division milit.	0 f. 02 c. 70		12e Division milit.	0 f. 02 c. 50	
2e id........	0 03 50		13e id........	0 03 50	
3e id........	0 02 80		14e id........	0 03 80	
4e id........	0 03 10		15e id........	0 03 80	
5e id........	0 02 90		16e id........	0 04 40	
6e id........	0 03 50		17e id........	0 03 70	
7e id........	0 04 00		18e id........	0 03 10	
8e id........	0 02 80		19e id........	0 04 00	
9e id........	0 02 10		20e id........	0 03 50	
10e id........	0 03 10		21e id........	0 03 40	
11e id........	0 03 30				

Nota. La durée réglementaire de l'allocation de l'indemnité en remplacement d'eau-de-vie est fixée ainsi qu'il suit : — Dans les 1re, 2e, 3e, 4e, 5e, 6e, 12e, 13e, 14e, 15e, 16e, 18e et 19e divisions, du 21 juin au 31 août ; —Dans les 7e, 8e, 9e, 10e, 11e, 17e, 20e et 21e divisions, du 1er juin au 30 septembre.

(1) La fixation particulière déterminée pour les régiments d'artillerie est maintenue. Dans les spahis cette indemnité est de 4 fr. par mois (art. 6 de l'arrêté ministériel du 30 novembre 1842).

Voir ci-après, à notre titre III, l'ordonnance du 10 mai 1841, portant règlement sur l'administration et la comptabilité des corps de troupes, titre VII, chapitre 1er, des registres et des documents qui s'y rattachent.

(*) N° 43 des tarifs de l'ordonnance du 3 décembre 1840.

(N° 48 *.) INDEMNITÉ EXTRAORDINAIRE EN RASSEMBLEMENT

Etats-majors et corps de toutes armes.	Officier supérieur.............................	60f 00c par mois.
	Capitaine et chirurgien-major....................	40 00
	Lieutenant, chirurgien aide-major, sous-lieutenant ..	30 00
	Garde d'artillerie, du génie ou des équipages militair.	24 00

Vétérinaire :
- principal........................ 40 00
- en premier 30 00
- aide vétérinaire................ 24 00
- sous-aide vétérinaire 18 00

J. M. offic., 1er s. 1843, p. 86. Tarif à la suite de l'ord. r. du 18 mars 1843, qui fixe le cad. des vét.

Adjudant sous-officier.......................... 0 15 par jour.
Sous-officier 0 8
Caporal ou brigadier et soldat.................. 0 5

Services administratifs.

Médecin, chirurgien ou pharmacien principal ....
Officier d'administration principal. :
- des hôpitaux ....
- des subsistances militaires ....
- de l'habillement et du campement.
 } 60 00 par mois.

Médecin ordinaire, chirurgien ou pharmacien major..
Officier d'administration comptable. :
- des hôpitaux..................
- des subsistances militaires......
- de l'habillement et du campement.
 } 40 00

Médecin adjoint, chirurgien ou pharmacien aide-major, chirurgien sous-aide ....

Adjudant d'administration. :
- des hôpitaux ....
- des subsistances militaires.......
- de l'habillement et du campement.
 } 30 00

Lorsque des employés militaires non désignés au présent tableau doivent participer à l'allocation de l'indemnité en rassemblement, les fixations ci-dessus leur sont appliquées par assimilation.

Dans le cas de mission ou de service extraordinaire, le Ministre de la guerre détermine l'indemnité qu'il peut y avoir lieu d'accorder.

(*) N° 44 des tarifs de l'ordonnance du 5 décembre 1840.

(N° 49.) INDEMNITÉ POUR PERTE DE CHEVAUX ET D'EFFETS.

	GRADES.	MONTANT DE L'INDEMNITÉ à allouer		aux MILITAIRES non prisonniers de guerre, pour chaque cheval tué par l'ennemi
		aux MILITAIRES prisonniers de guerre,		
		pour perte d'effets.	pour perte de chevaux.	
Etat-major.	Maréchal de France........................	6,000 f.	3,400 f.	
	Lieutenant général........................	5,000	1,800	
	Maréchal de camp.........................	2,000	1,350	
	Officiers du corps royal d'état-major — Colonel...........	1 00	900	450 f.
	Lieutenant-colonel.	800	900	
	Chef d'escadron....	700	450	
	Capitaine	500	450	
	Lieutenant et sous-lieutenant.......	400	450	
	Officiers attachés à l'état major ou faisant partie intégrante des états-majors particuliers de l'artillerie ou du génie. — Colonel...	800	900	
	Lieutenant-colonel.	700	900	
	Chef de bataillon ou d'escadron	600	450	
	Capitaine	400	450	
	Lieutenant et sous-lieutenant.......	300	450	
Intendance militaire.	Intendant	2,000	1,350	450
	Sous-intendant	900	900	
	Adjoint à l'intendance... — de 1re classe	700	450	
	de 2e classe........	600	450	
Troupes à pied.	Régiments du génie, compagnies d'ouvriers d'artillerie et du génie, régiment de pontonniers. — Colonel...........	800	900	450
	Lieutenant-colonel.	700	900	
	Chef de bataillon...	600	450	
	Capitaine	400	450	
	Lieutenant	300	450	

(*) N° 45 des tarifs de l'ordonnance du 5 décembre 1840.

(Suite du n° 49 *.) INDEMNITÉ POUR PERTES DE CHEVAUX ET D'EFFETS.

GRADES.		MONTANT DE L'INDEMNITÉ à allouer		
		aux MILITAIRES prisonniers de guerre,		aux MILITAIRES non prisonniers de guerre, pour chaque cheval tué par l'ennemi
		pour perte d'effets.	pour perte de chevaux.	
Troupes à pied (Suite.)	Infanterie et les zouaves. (*J. M. offi*, 2e s. 1842, p. 250. Tarif approuvé par le roi) — Colonel	800 f.	800 f.	400 f. (A)
	Lieutenant-colonel	700	800	
	Chef de bataillon	600	400	
	Capitaine	400	....	
	Lieutenant et sous-lieutenant	300	....	
Troupes à cheval.	Régiments d'artillerie, de carabiniers et de cuirassiers — Colonel	900	900	
	Lieutenant-colonel	800	900	
	Chef d'escadron	700	450	450 (B)
	Capitaine	500	450	
	Lieutenant et sous-lieutenant	400	450	
	Vétérinaire principal (c)	400	400	400
	Vétérinaire en premier (c)	300	....	
	Cavalerie et trains — Colonel	900	800	
	Lieutenant-colonel	800	800	
	Chef d'escadron	700	400	
	Capitaine	500	400	400 (D)
	Lieutenant et sous-lieutenant	400	400	
	Compagnies de sapeurs-conducteurs du génie — Capitaine	500	400	
	Lieutenant et sous-lieutenant	400	400	
OFFICIERS DE SANTÉ.	Médecin, chirurgien ou pharmacien principal	700	400	
	Médecin ordinaire, chirurgien ou pharmacien-major	600	400	400
	Chirurgien ou pharmacien aide-major	400	400	
	Chirurgien sous-aide-major	300	400	
SERVICES ADMINISTRATIFS.	Officiers d'administration principal	700	400	
	Id. id. comptable	600	400	400
	Adjudant en premier	400	400	
	Id en second	300	400	

(A) Ces fixations sont applicables aux bataillons de tirailleurs indigènes.
(B) Ces fixations sont applicables aux officiers des régiments d'artillerie détachés à l'état-major de leur arme.
(c) *J. m. offic.*, 1er s. 1845, p. 86. Tarif à la suite de l'ord. r. du 18 mars 1843, fixant le cadre du corps des vétérin.
(D) Ces fixations sont applicables au corps de spahis.

(N° 50 *.) INDEMNITÉ AUX VAGUEMESTRES.

VAGUEMESTRES D'ARMÉE.	Fixation journalière	OBSERVATIONS.
Vaguemestre du quartier général	1f 66c 6	
— de division	1 33 3	
Aide-vaguemestre	0 75 0	
VAGUEMESTRE DES CORPS DE TROUPES.		
Régiment d'infanterie de ligne ou légère. — Corps réuni. Pour un régiment à quatre bataillons	1 00 0	Dans le cas de morcellement d'un bataillon, l'allocation de l'indemnité de 25 c. se fractionne entre les sous-officiers faisant fonctions de vaguemestres, à raison du nombre de compagnies dont se compose chaque détachement.
Id. à trois bataillons	0 75 0	
Pour le dépôt constitué	0 25 0	
Corps divisé. Pour un ou deux bataillons réunis au dépôt (avec ou sans l'état-major)	0 50 0	
Pour trois bataillons réunis au dépôt (avec ou sans l'état-major)	0 75 0	
Pour chaque bataillon détaché	0 25 0	

NOTA. Lorsque le vaguemestre se trouve avec l'état-major du régiment, il ne peut lui être alloué moins de 50 centim, quelle que soit la force de la portion du corps réunie à l'état major.

(*) Tarif n° ... de l'ordonnance du 5 décembre 1830

(Suite du N° 50.) INDEMNITÉ AUX VAGUEMESTRES.

	Fixation journalière.	Observations.
Bataillons de chasseurs d'Orléans	0ᶠ 50ᶜ 0	Dans le cas de morcellement d'un bataillon, l'alloc. de l'indemnité de 50 c. se fractionne entre les sous-offic. faisant fonctions de vaguemestres, à raison du nombre de compagnies dont se compose chaque détachement.
Bataillon d'infanterie légère d'Afrique. — Pour le corps entier, sans qu'il puisse être fait aucune allocation particulière pour les portions détachés	0 50 0	
Bataillons d'ouvriers d'administ. — Corps réuni en entier	0 50 0	
Corps divisé. Pour la portion principale	0 25 0	
Pour chaque compagnie détachée	0 15 0	
Régiments de cavalerie. — Corps réuni. Pour un régiment à 6 escadrons	1 00 0	Il n'est fait aucune allocation supplémentaire pour les fractions d'escadron.
Id. à 5 escadrons	0 75 0	
Pour le dépôt ou 1 escadron	0 25 0	
Corps divisé. Pour 1 ou 2 escadrons	0 25 0	
Pour 3 ou 4 escadrons	0 50 0	
Pour 5 ou 6 escadrons	0 75 0	
École de cavalerie	1 00 0	
Régiments d'artillerie. — Pour le dépôt seul	0 25 0	
Pour chaque batterie en sus réunie au dépôt	0 15 0	
Pour le corps entier	0 85 0	
Pour une batterie isolée	0 15 0	
Régiment de pontonnier. — Pour le dépôt seul	0 15 0	Lorsque plusieurs batteries ou compagnies détachées des corps d'artillerie et du génie sont réunies, il est alloué 15 cent. pour la première de ces batteries ou compagnies, et 5 cent en sus pour chacune des autres.
Pour le dépôt et la réunion au dépôt de 1 à 4 compag.	0 30 0	
Id. de 5 à 10	0 50 0	
Id. de plus de 10	0 75 0	
Pour une compagnie isolée	0 15 0	
Escadrons du train des parcs d'artillerie. — Pour le dépôt seul	0 15 0	
Pour le dépôt et la réunion au dépôt de 1 à 4 compag.	0 30 0	
Id. de plus de 4	0 50 0	
Pour une compagnie isolée	0 15 0	
Régiments du génie. — Pour le dépôt seul	0 25 0	
Pour le dépôt et la réunion au dépôt de 1 à 5 compag.	0 40 0	
Id. de 6 à 10	0 55 0	
Id. de 11 à 15	0 70 0	
Id. de plus de 15	0 75 0	
Pour une compagnie isolée	0 15 0	
Escad. du train des équipages militaires. — Pour le dépôt et l'état-major quel que soit le nombre des compagnies qui y sont réunies	0 30 0	
Pour une compagnie isolée	0 15 0	
Compagnie de discipline, de vétérans, d'ouvriers d'artillerie, du génie et des équipages militaires	0 15 0	

(N° 51 *.) GRATIFICATION
DE PREMIÈRE MISE D'ÉQUIPEMENT AUX SOUS-OFFICIERS PROMUS OFFICIERS.

DÉSIGNATION DES ARMES.	Fixation de la gratificat.	OBSERVATIONS.
Infanterie de ligne et légère, bataillon de chasseurs d'Orléans, bataillon d'ouvriers d'administration (a)	550ᶠ	(a) Les sous-officiers, promus sous lieut. dans le bataill. de pontons ou dans les compagnies d'ouvriers d'artillerie, et qui passent ensuite, avec ce grade ou celui de lieutenant, dans les régiments d'artillerie, reçoivent un supplém. de première mise fixé à 230 fr.
Carabiniers et cuirassiers	1,050	
Dragons, lanciers, chasseurs et hussards (b)	950	
Régiments d'artillerie	950	
Régiment de pontonniers et compagnies d'ouvriers d'artillerie	700 (a)	
Régiments du génie et compagnies d'ouvriers du génie	570	
Train des parcs d'artillerie, compagnies de sapeurs-conducteurs du génie et du train des équipages militaires	850	
Compagnies d'ouvriers du train des équipages militaires	570	

(*) N° 47 des tarifs de l'ordonnance du 5 décembre 1840.

(A) Y compris le corps des zouaves et les sous-officiers français des bataillons de tirailleurs indigènes d'Afrique. (J. M. offic., 2e sem. 1842, p. 250, tarif approuvé par le roi pour le régiment de zouaves, et 286, arrêté ministériel du 30 novembre 1842, relatif aux corps indigènes, en exécution de l'ordonnance royale du 7 décembre 1841.

(B) Y compris les sous-officiers français du corps des spahis et des chasseurs d'Afrique. (J. M. offic., 2e sem. 1839, p. 225, ordonnance du roi du 31 août 1848, sur l'organisation de la cavalerie française et indigène en Afrique, et 2e sem. 1841 p. 25 tarif approuvé par le roi le 3 décembre 1841, pour les spahis.

(N° 52 *.) GRATIFICATION
AUX SOUS-OFFICIERS ET CAPORAUX OU BRIGADIERS INSTRUCTEURS.

DÉSIGNATION DES CORPS.	Fixation par corps.	OBSERVATIONS.
Régiments d'infanterie de ligne et légère. { à 4 bataillons	400 f	
{ à 5 bataillons	300	
Bataillon. { de chasseurs d'Orléans	100	
{ d'infanterie légère d'Afrique	100	
{ d'ouvriers d'administration	100	
{ de tirailleurs indigènes	25	Par compagnie.
Régiments de cavalerie	200	
Corps des spahis	40	Par escadron.
Régiments d'artillerie	600	Il est alloué en sus : 1° 30 f. aux régiments qui ont une batterie à pied non montée ; 2° 30 f. pour chaque nouvelle batterie organisée en vertu de l'ord. du 1er nov. 1840. (J. m. offic. 2e sem. 1841, p. 283.)
Régiment de pontonniers	300	
Escadron du train des parcs	200	
Compagnies d'ouvriers d'artillerie	40	
Régiments du génie	400	
Compagnies d'ouvriers du génie	40	
Escadrons du train des équipages militaires	200	
Compagnies d'ouvriers militaires	40	

(*) N° 48 des tarifs de l'ordonnance du 5 décembre 1840.

(N° 53 *.) GRATIFICATION D'ENTRÉE EN CAMPAGNE.

GRADES.	Fixation de la gratification pour chaque grade.	OBSERVATIONS
Etat-major général. { Maréchal de France	12,000 f	
{ Lieutenant général commandant en chef	8,000	
{ Lieutenant général	6,000	
{ Maréchal de camp	4,000	
Intendance militaire. { Intendant en chef	6,000	
{ Intendant	4,000	
{ Sous-intendant	1,800	
{ Adjoint à l'intendance { de 1re classe	1,000	
{ de 2e classe	900	
Troupes à pied (A). { Colonel	1,200	
{ Lieutenant-colonel	1,000	
{ Chef de bataillon et major	900	
{ Capitaine	600	
{ Lieutenant et sous-lieutenant	400	
Troupes à cheval (B). { Colonel	1,800	Les offic. du corps royal d'état-major (y compris les capitaines et lieuten. détachés dans les corps de troupes), les offic. d'ordonnance et les offic. de l'artillerie, du génie et des équipages militaires, ont droit à la gratificat. d'entrée en campagne sur le même pied que les officiers des corps de troupes à cheval.
{ Lieutenant-colonel	1,200	
{ Chef d'escadron et major	1,000	
{ Capitaine	700	
{ Lieutenant et sous-lieutenant	500	
Vétérinaire principal	600	(E) (E) J. M. offic., 1er sem. 1844, p. 86. Tarif à la suite de l'ordonn. royale du 18 mars 1843 relative aux vétérinaires militair.
Vétérinaire en premier	400	
Agent principal comptable d'artillerie, garde d'artillerie ou du génie et garde d'équipages militaires	400	
Aumôniers de brigades	600	
Officiers de santé. { Médecin, chirurgien ou pharmacien principal	1,000	
{ Médecin ordinaire, chirurgien ou pharmacien-major	900	
{ Médecin adjoint, chirurgien ou pharmac. aide-major	600	
{ Chirurgien sous-aide major	400	
Administrations militaires. { Officier d'administration principal	1,000	
{ — — comptable	900	
{ Adjudant en premier	600	
{ — en second	400	

(*) N° 49 des tarifs de l'ordonnance du 5 décembre 1840.

(A) Y compris les officiers français des zouaves et des bataillons de tirailleurs indigènes d'Afrique (J. m. offic., 2e sem. 1842, p. 250, tarif approuvé par le roi pour le régiment de zouaves, et 286 arrêté ministériel du 30 novembre 1842, relatif aux corps indigènes, en exécution de l'ordonnance royale du 7 décembre 1841.

(B) Y compris les officiers français des corps de spahis et des chasseurs d'Afrique, 2e sem. 1839, p. 225, ordonnance du roi du 31 août 1839, sur l'organisation de la cavalerie française et indigène en Afrique et 2e sem. 1841, p. 425, tarif approuvé par le roi le 7 décembre 1841, pour les spahis.

ARMES.	GRADES.
État-major général et corps royal d'état-major	Lieutenant général ....
	Maréchal de camp ....
	Colonel ....
	Lieutenant-colonel ....
	Chef d'escadron ....
	Capitaine ....
	Lieutenant et sous-lieutenant ....
Intendance militaire	Intendant ....
	Sous-intendant. { de première classe .... / de deuxième classe ....
	Adjoint à l'intendance. { de première classe .... / de deuxième classe ....
État-major des places	Colonel ....
	Lieutenant-colonel ....
	Chef de bataillon ou d'escadron ....
	Capitaine ....
	Lieutenant ....
	Sous-lieutenant ....
État-major particulier de l'artillerie...	Colonel ....
	Lieutenant-colonel ....
	Chef d'escadron ....
	Capitaine ....
	Sous-lieutenant élève ....
État major particulier du génie	Colonel ....
	Lieutenant-colonel ....
	Chef de bataillon ....
	Capitaine ....
	Lieutenant ....
	Sous-lieutenant élève ....
Infanterie (y compris les vétérans de de toutes armes) .... et les zouaves. (*J. M. offic.*, 2e sem. 1842, p. 250. Tarif approuvé par le roi.)	Colonel ....
	Lieutenant-colonel ....
	Chef de bataillon ou major ....
	Capitaine ....
	Lieutenant ....
	Sous-lieutenant ....
Cavalerie	Colonel ....
	Lieutenant-colonel ....
	Chef d'escadron ou major ....
	Capitaine ....
	Lieutenant ....
	Sous-lieutenant ....
Artillerie.. { Régiment	Colonel ....
	Lieutenant-colonel ....
	Chef d'escadron ou major ....
	Capitaine ....
	Lieutenant, sous-lieutenant ....
Régiment de pontonniers et compagnies d'ouvriers	Colonel ....
	Lieutenant-colonel ....
	Chef d'escadron ....
	Capitaine ....
	Lieutenant, sous-lieutenant ....

NON-ACTIVITÉ.

OFFICIERS sortis de l'activité par suite de licenciement de corps, de suppression d'emploi, de rentrée de captivité à l'ennemi ou d'infirmités temporaires.			OFFICIERS sortis de l'activité par retrait ou par suspension d'emploi.			OBSERVATIONS.
Par an.	Par mois.	Par jour.	Par an.	Par mois.	Par jour.	
f.	f. c.	f. c.	f.	f. c.	f. c.	
7,500	625 00 0	20 83 3	6,000	500 00 0	16 66 6	
5,000	416 66 6	13 88 8	4,000	333 33 3	11 11 1	
3,125	260 41 6	8 68 0	2,500	208 33 3	6 94 4	
2,650	220 83 3	7 36 1	2,120	176 66 6	5 88 8	
2,250	187 50 0	6 25 0	1,800	150 00 0	5 00 0	
1,200	100 00 0	3 33 3	960	80 00 0	2 66 6	
....	....	....	....	....	....	Traité selon l'arme dans laquelle ils sont classés.
5,000	416 66 6	13 88 8	4,000	333 33 3	11 11 1	Les sous-intendant et les adjoints mis en non activité antérieurement à l'ordonnance du 10 juin 1835 continuent à être traités suivant le tarif du 16 septembre 1834.
3,125	260 41 6	8 68 0	2,500	208 33 3	6 94 4	
2,650	220 83 3	7 36 1	2,120	176 66 6	5 88 8	
2,250	187 50 0	6 25 0	1,800	150 00 0	5 00 0	
1,250	104 16 6	3 47 2	1,000	83 33 3	2 77 7	
2,500	208 33 3	6 94 4	2,000	166 66 6	5 55 5	
2,150	179 16 6	5 97 2	1,720	143 33 3	4 77 7	
1,800	150 00 0	5 00 0	1,440	120 00 0	4 00 0	
1,000	83 33 3	2 77 7	800	66 66 6	2 22 2	
870	72 50 0	2 41 6	580	48 33 3	1 61 1	
810	67 50 0	2 25 0	540	45 00 0	1 50 0	
3,125	260 41 6	8 68 0	2,500	208 33 3	6 94 4	
2,650	220 83 3	7 36 1	2,120	176 66 6	5 88 8	
2,250	187 50 0	6 25 0	1,800	150 00 0	5 00 0	
1,200	100 00 0	3 33 3	960	80 00 0	2 66 6	
870	72 50 0	2 41 6	580	48 33 3	1 61 1	
3,125	260 41 6	8 68 0	2,500	208 33 3	6 94 4	
2,650	220 83 3	7 36 1	2,120	176 66 6	5 88 8	
2,250	187 50 0	6 25 0	1,800	150 00 0	5 00 0	
1,200	100 00 0	3 33 3	960	80 00 0	2 66 6	
1,110	92 50 0	3 08 3	740	61 66 6	2 05 5	
870	72 50 0	2 41 6	580	48 33 3	1 61 1	
2,500	208 33 3	6 94 4	2,000	166 66 6	5 55 5	
2,150	179 16 6	5 97 2	1,720	143 33 3	4 77 7	Ces fixations sont applicables aux officiers français des bataillons de tirailleurs indigènes.
1,800	150 00 0	5 00 0	1,440	120 00 0	4 00 0	
1,000	83 33 3	2 77 7	800	66 66 6	2 22 2	
870	72 50 0	2 41 6	580	48 33 3	1 61 1	
810	67 50 0	2 25 0	540	45 00 0	1 50 0	
2,750	229 16 6	7 63 8	2,200	183 33 3	6 11 1	
2,350	195 83 3	6 52 7	1,880	156 66 6	5 22 2	
2,000	166 66 6	5 55 5	1,600	133 33 3	4 44 4	Ces fixations sont applicables aux officiers français du corps des spahis.
1,150	95 83 3	3 19 4	920	76 66 6	2 55 5	
960	80 00 0	2 66 6	640	53 33 3	1 77 7	
900	75 00 0	2 50 0	600	50 00 0	1 66 6	
3,375	281 25 0	9 37 5	2,700	225 00 0	7 50 0	
2,850	237 50 0	7 91 6	2,280	190 00 0	6 33 3	
2,450	204 16 6	6 80 5	1,960	163 33 3	5 44 4	
1,300	108 33 3	3 61 1	1,040	86 66 6	2 88 8	
1,110	92 50 0	3 08 3	740	61 66 6	2 05 5	
3,125	260 41 6	8 68 0	2,500	208 33 3	6 94 4	
2,650	220 83 3	7 36 1	2,120	176 66 6	5 88 8	
2,250	187 50 0	6 25 0	1,800	150 00 0	5 00 0	
1,200	100 00 0	3 33 3	960	80 00 0	2 66 6	
990	82 50 0	2 75 0	660	55 00 0	1 83 3	

(Suite du N° 54.) SOLDE DE

ARMES.	GRADES.
Artillerie. | Train des parcs......	Lieutenant-colonel................................ Chef d'escadron.................................. Capitaine.. Lieutenant....................................... Sous-lieutenant..................................
Génie..... { Régiments et compagnie d'ouvriers...........	Colonel.. Lieutenant-colonel.............................. Chef de bataillon ou major...................... Capitaine.. Lieutenant , sous-lieutenant.....................
Equipages militaires...............	Colonel directeur du parc de construction..... .... Lieutenant-colonel.............................. Chef d'escadron .... Capitaine .... Lieutenant....................................... Sous-lieutenant..................................
Bataillon d'ouvriers d'administration..	Chef de bataillon............................... Capitaine.. Lieutenant....................................... Sous-lieutenant..................................
Gendarmerie	Colonel chef de légion.......................... Lieutenant colonel.............................. Chef d'escadron .... Capitaine .... Lieutenant , sous-lieutenant.....................
Garde municipale de la ville de Paris.	Colonel et lieutenant-colonel.................... Chef d'escadron ou de bataillon et major.......... Capitaine .... Lieutenant , sous-lieutenant.....................
Sapeurs-pompiers de la ville de Paris.	Lieutenant-colonel.............................. Chef de bataillon............................... Capitaine .... Lieutenant....................................... Sous-lieutenant..................................

SERVICES ADMINISTRATIFS.

ARMES.	GRADES.
Officiers de santé des armées..... ..	Médecin , chirurgien ou pharmacien inspecteur..... Médecin , chirurgien ou pharmacien principal....... Médecin ordinaire, chirurgien ou pharmacien-major.. Médecin adjoint.................................. Chirurgien ou pharmacien aide-major.............. Chirurgien sous-aide.............................
Officiers d'administration des hôpitaux militaires , des subsistances , de l'habillement et du campement.....	Officier d'administration principal.................. Officier d'administration comptable................. Adjudant d'administration. { en premier........... { en second. ....

NON-ACTIVITÉ.

OFFICIERS sortis de l'activité par suite du licenciement de corps, de suppression d'emploi, de rentrée de captivité à l'ennemi ou d'infirmités temporaires.			OFFICIERS sortis de l'activité par retrait ou par suspension d'emploi.			OBSERVATIONS.
Par an.	Par mois.	Par jour.	Par an.	Par mois.	Par jour.	
f.	f. c.	f. c.	f.	f. c.	f. c.	
2,650	220 83 3	7 36 1	2,120	176 66 6	5 88 8	
2,250	187 50 0	6 25 0	1,800	150 00 0	5 00 0	
1,250	104 16 6	3 47 2	1,000	83 33 3	2 77 7	
1,110	92 50 0	3 08 3	740	61 66 6	2 05 5	
960	80 00 0	2 66 6	640	53 33 3	1 77 7	
3,125	260 41 6	8 68 0	2,500	208 33 3	6 94 4	
2,650	220 83 3	7 36 1	2,120	176 66 6	5 88 8	
2,250	187 50 0	6 25 0	1,800	150 00 0	5 00 0	
1,200	100 00 0	3 33 3	960	80 00 0	2 66 6	
990	82 50 0	2 75 0	660	55 00 0	1 83 3	
3,125	260 41 6	8 68 0	2,500	208 33 3	6 94 4	
2,650	220 83 3	7 36 1	2,120	176 66 6	5 88 8	
2,250	187 50 0	6 25 0	1,800	150 00 0	5 00 0	*J. m. offic.,* 2e sem. 1841, p. 322.
1,150	93 83 3	3 19 4	920	76 66 6	2 55 5	
990	82 50 0	2 75 0	660	55 00 0	1 83 3	
960	80 00 0	2 66 6	640	53 33 3	1 77 7	
2,250	187 50 0	6 25 0	1,800	150 00 0	5 00 0	
1,000	83 33 3	2 77 7	800	66 66 6	2 22 2	
990	82 50 0	2 75 0	660	55 00 0	1 83 3	
960	80 00 0	2 66 6	640	53 33 3	1 77 7	
3,250	270 83 3	9 02 7	2,600	216 66 6	7 22 2	*J. m. offic.,* 1er sem. 1841, p. 242.
3,000	250 00 0	8 33 3	2,400	200 00 0	6 66 6	
2,250	187 50 0	6 25 0	1,800	150 00 0	5 00 0	
1,350	112 50 0	3 75 0	1,080	90 00 0	3 00 0	Idem.
1,200	100 00 0	3 33 3	800	66 66 6	2 22 2	Idem.
3,000	250 00 0	8 33 3	2,400	200 00 0	6 66 6	
2,235	186 25 0	6 20 8	1,788	149 00 0	4 96 6	
1,350	112 50 0	3 75 0	1,080	90 00 0	3 00 0	
1,200	100 00 0	3 33 3	800	66 66 6	2 22 2	
2,150	179 16 6	5 97 2	1,720	143 33 3	4 77 7	
1,800	150 00 0	5 00 0	1,4 0	120 00 0	4 00 0	
1,000	85 33 3	2 77 7	800	66 66 6	2 22 2	
870	72 50 0	2 41 6	580	48 33 3	1 61 1	
810	67 50 0	2 25 0	540	45 00 0	1 50 0	
4,250	354 16 6	11 80 5	3,400	283 33 3	9 44 4	
2,000	166 66 6	5 55 5	1,600	133 33 3	4 44 4	
1,250	104 16 6	3 47 2	1,000	83 33 3	2 77 7	*J. m. offic.,* 2e sem. 1841, p. 312.
1,230	102 50 0	3 41 6	820	68 33 3	2 27 7	
1,110	92 50 0	3 08 3	740	61 66 6	2 05 5	
810	67 50 0	2 25 0	540	45 00 0	1 50 0	
2,000	166 66 6	5 55 5	1,600	133 33 3	4 44 4	Les officiers d'administration mis en non-activité antérieurement à l'ordonnance du 28 février 1838 continuent à être traités suivant le tarif du 16 sept. 1831
1,100	91 66 6	3 05 5	880	73 33 3	2 44 4	
1,020	85 00 0	2 83 3	680	56 66 6	1 88 8	
720	60 00 0	2 00 0	480	40 00 0	1 33 3	

SOLDE ET REVUES.

(N° 55 *.) **SOLDE DE CONGÉ ILLIMITÉ.**

ARMES.	GRADES.	FIXATION DE LA SOLDE		
		par an.	par mois.	par jour.
		fr.	fr. c.	fr. c.
Corps royal d'état-major.	Colonel..................................	3,125	260 41 6	8 68 0
	Lieutenant-colonel......................	2,650	220 83 3	7 36 1
	Chef d'escadron.........................	2,250	187 50 0	6 25 0
	Capitaine	1,250	104 16 6	3 47 2
État-major des places.	Colonel..................................	2,500	208 33 3	6 94 4
	Lieutenant-colonel......................	2,150	179 16 6	5 97 2
	Chef de bataillon.......................	1,800	150 00 0	5 00 0
	Capitaine	1,000	83 33 3	2 77 7
	Lieutenant..............................	650	54 16 6	1 80 5
	Sous-lieutenant.........................	600	50 00 0	1 66 6
États-majors particuliers de l'artillerie et du génie.	Colonel..................................	3,125	260 41 6	8 68 0
	Lieutenant-colonel......................	2,650	220 83 3	7 36 1
	Chef de bataillon ou d'escadron...........	2,250	187 50 0	6 25 0
	Capitaine	1,200	100 00 0	3 33 3
Infanterie....	Colonel..................................	2,500	208 33 3	6 94 4
	Lieutenant-colonel	2,150	179 16 6	5 97 2
	Chef de bataillon.......................	1,800	150 00 0	5 00 0
	Capitaine................................	1,000	83 33 3	2 77 7
	Lieutenant..............................	650	54 16 6	1 80 5
	Sous-lieutenant.........................	600	50 00 0	1 66 6
Cavalerie.....	Colonel..................................	2,750	229 16 6	7 65 8
	Lieutenant-colonel......................	2,350	195 83 3	6 52 7
	Chef d'escadron.........................	2,000	166 66 6	5 55 5
	Capitaine	1,150	95 83 3	3 19 4
	Lieutenant..............................	725	60 41 6	2 01 4
	Sous-lieutenant.........................	675	56 25 0	1 87 5

(*) N° 51 des tarifs de l'ordonnance du · décembre 1830.

SOLDE DE CONGÉ ILLIMITÉ.   (Suite du n° 55.)

ARMES.	GRADES.	FIXATION DE LA SOLDE		
		par an.	par mois.	par jour.
		fr.	fr. c.	fr. c.
Artillerie. *Régiments.*	Colonel	3,375	281 25 0	9 37 5
	Lieutenant-colonel	2,850	237 50 0	7 91 6
	Chef d'escadron	2,450	204 16 6	6 80 5
	Capitaine	1,300	108 33 3	3 61 1
	Lieutenant	850	70 83 3	2 36 1
Ancien bataillon de pontonniers.	Lieutenant-colonel	2,650	220 83 3	7 36 1
	Chef de bataillon	2,250	187 50 0	6 25 0
	Capitaine	1,200	100 00 0	3 33 3
	Lieutenant	750	62 50 0	2 08 3
Train des parcs d'artillerie.	Chef d'escadron	2,250	187 50 0	6 25 0
	Capitaine	1,250	104 16 6	3 47 2
	Lieutenant	850	70 83 3	2 36 1
Génie.	Colonel	3,125	260 41 6	8 68 0
	Lieutenant-colonel	2,650	220 83 3	7 36 1
	Chef de bataillon	2,250	187 50 0	6 25 0
	Capitaine	1,200	100 00 0	3 33 3
	Lieutenant	750	62 50 0	2 08 3
Corps du train des équipages militaires.	Chef d'escadron	2,250	187 50 0	6 25 0
	Capitaine	1,000	83 33 3	2 77 7
	Lieutenant	750	62 50 0	2 08 3
	Sous-lieutenant	725	60 41 7	2 01 4
Officiers de santé.	Chirurgien-major	1,000	83 33 3	2 77 7
	Chirurgien aide-major	750	62 50 0	2 08 3
Vétérinaires.		600	50 00 0	1 66 6

(N° 56 *.) **MASSE**

DÉSIGNATION DES GRADES ET DES ARMES.	FIXATION de la première MISE.	PRIME journalière. (A)
	f. c.	f. c.
Adjudants sous-officiers { Infanterie et bataillon d'ouvriers d'administration.........	....	0 28
{ Cavalerie, trains et génie........................	....	0 30
{ Ecole de cavalerie............................	....	0 41
{ Artillerie et pontonniers......................	....	0 36
Aides et sous-aides vétérinaires........................	255 00	0 20
Maîtres ouvriers de tout corps organisé en régiment, en bataillon ou en escadron	170 00 (D)	0 24
SOUS-OFFICIERS, CAPORAUX OU BRIGADIERS ET SOLDATS.		
Infanterie de ligne ou légère (E).....................	40 00	0 10
Bataillons de tirailleurs indigènes....................	100 00	0 25
Spahis indigènes d'Afrique (F).......................	200 00	0 70
Régiment de zouaves.... { Sous-officiers..................	140 00	0 25
{ Caporaux et soldats...........	118 00	0 25
Carabiniers..	70 00	0 14
Cuirassiers..	75 00	0 14
Dragons...	69 00	0 14
Lanciers..	73 00	0 14
Chasseurs...	72 00	0 14
Hussards..	66 00	0 14
Ecole de cavalerie...................................	75 00	0 14
Artillerie.... { Hommes montés.....................	74 00	0 14
{ Hommes non montés.................	49 00	0 10
{ Canonniers-conducteurs..............	75 00	0 14
Pontonniers	49 00	0 10
Ouvriers d'artillerie.................................	49 00	0 10
Génie....... { Mineurs, sapeurs et ouvriers...........	51 00	0 10
{ Sapeurs-conducteurs..................	59 00	0 14
Trains des parcs d'artillerie et des équipages..........	59 00	0 14
Ouvriers des équipages...............................	40 00	0 10
Ouvriers d'administration	40 00	0 10
Vétérans.... { Cavaliers............................	62 00	0 14
{ De toute autre arme.................	40 00	0 10
Compagnies de discipline.............................	40 00	0 10
Compagnies d'infirmiers militaires....................	40 00	0 15
Hommes de recrue jugés susceptibles de réforme lors de leur arrivée au corps (première mise provisoire)......................	12 00	....

(A) La prime individuelle des adjudants sous-officiers, des vétérinaires et des maîtres ouvriers est affectée à (excepté le casque, le manteau et le grand équipement, dans la cavalerie).

Celle des adjudants sous-officiers est perçue par eux en même temps que la solde ; celle des maîtres ouvriers est

(B) Les adjudants sous-officiers et les vétérinaires n'ont point de masse ; celle des maîtres ouvriers est soumise à

(C) Ce supplément n'est pas dû aux adjudants sous-officiers, aux vétérinaires, ni aux maîtres ouvriers qui passent

(D) Les sous-officiers, caporaux, brigadiers et soldats nommés maîtres ouvriers n'ont droit à aucune première peuvent faire usage dans leur nouvel emploi.

(E) Les sous-officiers, caporaux et soldats des régiments d'infanterie stationnés en Corse ont droit à un supplément sous-officiers ni aux maîtres ouvriers.

(F) Les sous-officiers, brigadiers et cavaliers indigènes n'y ont droit, qu'autant qu'ils contractent un engagement

INDIVIDUELLE.

COMPLET de LA MASSE (B)	SUPPLÉMENT DE Ire MISE À ALLOUER aux sous-officiers, caporaux, brigadiers ou soldats admis, par suite de mutations, dans un corps de troupe (c)		aux s.-officiers promus adjudants sous-officiers.
	à pied.	à cheval.	
f. c.	f. c.	f. c.	f. c.
......	......	......	......
......	......	......	......
......	......	......	......
......	......	......	......
......	......	......	......
80 00	......	......	......
33 00	......	40 00	140 00
100 00	» (1)	» (1)	140 00
400 00	» (1)	» (1)	140 00
140 00	»	»	140 00
118 00	»	»	»
55 00	10 00	......	150 00
55 00	10 00	......	130 00
55 00	10 00	......	170 00
55 00	10 00	......	140 00
55 00	10 00	......	140 00
55 00	10 00	......	180 00
55 00	10 00	......	180 00
55 00	10 00	......	170 00
40 00	......	40 00	......
55 00	10 00	......	......
40 00	......	40 00	170 00
40 00	......	40 00	......
40 00	......	40 00	150 00
55 00	10 00	......	......
55 00	10 00	......	140 00
35 00	......	40 00	......
35 00	......	40 00	140 00
55 00	10 00	......	......
35 00	......	40 00	......
35 00	......	40 00	......
35 00	......	......	......
......	......	......	......

OBSERVATIONS.

NOTA. Il est alloué pour les hommes passant des troupes à pied ou à cheval dans un corps disciplinaire une indemnité égale à la moitié de la première mise déterminée pour l'arme de l'infanterie. Cette allocation ne se renouvelle pas lorsque les hommes passent d'un corps disciplinaire dans un autre.

(1) Voir, au J. M. offic., 2e sem. 1842, page 232, l'arrêté ministériel du 4 oct. 1842, concernant la première mise des tirailleurs et spahis.

Les caporaux promus au grade de sous-officier, ont droit à un complément de 1re mise de 22 fr. (J. M. offic., 2e sem. 1842, page 249).

La première mise n'est due qu'aux hommes de nouvelle levée.

l'entretien et au renouvellement, non-seulement de l'équipement de ces militaires, mais encore de leur habillement.

versée à leur masse.

toutes les règles établies pour la masse des sous-officiers et soldats.

d'un corps dans un autre.

mise ni à aucun supplément de première mise, attendu qu'ils conservent ceux de leurs effets d'habillement dont ils

de prime journalière fixé à 2 cent. pour les journées de présence au corps. Ce supplément n'est dû ni aux adjudants

de trois ans (arrêté ministériel du 4 octobre 1842).

(N° 57 *.) **MASSE GÉNÉRALE**

ARMES.	PREMIÈRE MISE aux corps de nouvelle	
	1re portion.	2e portion.
	f.	f.
Régiments... — Infanterie { 3 bataillons	2,800	6,200
A ajouter ou à déduire pour chaque bataillon d'augmentation ou de diminution	....	2,000
Régiment de zouaves	....	....
Cavalerie. { 5 escadrons	600	2,400
A ajouter ou à déduire pour chaque escadron d'augmentation ou de diminution	....	400
Corps des spahis d'Afrique	....	(b) 100
Artillerie	1,200	2,400
Pontonniers		
Génie	2,800	6,200
Bataillons ou escadrons. — Chasseurs d'Orléans. — Par compagnie (a)	....	250
Infanterie légère d'Afrique, ouvriers d'administration, trains des parcs et des équipages (a) { Compagnie de 60 hommes et au-dessus	....	200
Compag. au-dessous de 60 hommes	....	(b) 100
De tirailleurs indigènes d'Afrique	....	(c) 50
Compagnies formant corps { Ouvriers d'artillerie, du génie et des équipages, vétérans, compagnies de discipline	....	200
Ecole de cavalerie	....	....

NOTA. Les frais de culte ne donnent pas lieu à une allocation spéciale ¿ ils sont prélevés sur les fonds [de la masse générale, sans pouvoir] dépasser un maximum de 150 francs par an pour tous les corps réunis dans la même garnison ; elle est payée [... cette] dépense est limitée à 100 francs, quand il y a dans la place un aumônier militaire.

(*) Tarif n° 25 de l'ordonnance du 5 décembre 1840.

(N° 58 *.) **MASSE D'ENTRETIEN DU**

DÉSIGNATION DES ARMES.	FIXATION			
	HORS DE PARIS,			
	par an.		par jour.	
	f.	c.	f.	c.
Régiments de... { carabiniers / cuirassiers / dragons / lanciers / chasseurs / hussards	18	00	0 04	931
Ecole de cavalerie				
Régiments d'artillerie	27	00 (A)	0 07	397
Trains { des parcs d'artillerie / des équipages militaires	30	00	0 08	219
Compagnies de sapeurs conducteurs du génie				
Mulets de bât (y compris l'entretien du bât)	34	00	0 09	315
Dépôts de remonte	....		....	

(*) N° 54 des tarifs de l'ordonnance du 5 décembre 1840.

D'ENTRETIEN.

ALLOUÉE formation	ALLOCATIONS ANNUELLES.			OBSERVATIONS.
TOTAL.	1re portion.	2e portion.	TOTAL.	
f.	f.	f.	f.	
9,000	9,000	6,000	15,000	(A) 250 francs par compagnie, non compris celle hors rang qui ne participe pas à cette allocation. (*J. M. offic.*, 2e sem. 1842, p. 252. Tarif. approuvé par le roi, pour les zouaves.)
2,000	....	2,000	2,000	
....	9,000	6,750 (A)	15,750	
3,000	2,500	3,000	5,500	
400	....	500	500	(B) Pour chaque escadron.
100	....	600 (B)	600	*J. M. offic.*, 2e sem. 1841, p. 423. Tarif approuvé par le roi pour les spahis. et 2e sem. 1842, p. 286, arrêté ministériel du 30 novembre 1842, en exécution de l'ordonnance royale du 7 décembre 1841.
3,600	3,000	6,000	9,000	
....	3,000	3,600	6,600	
9,000	9,000	6,000	15,000	
250	....	300	300	
200	....	300	300	(a) Les compagnies, sections ou pelotons hors rang ne participent pas aux allocations ci-contre.
100	....	200	200	
50 (c)	....	....	....	(C) Pour chaque compagnie. A raison de 112 fr. 50 pour chaque compagnie organisée. (*J. M. offic*, 2e sem. 1842 p. 286, arrêté ministériel du 30 novembre 1842).
200	....	500	500	(b) Il n'est pas alloué de supplément de première mise lorsque l'effectif vient à dépasser 60 hommes.
....	....	3,000	3,000	

affectés à la deuxième portion de la masse générale d'entretien ; mais, en aucun cas, la dépense ne peut
par le régiment le plus ancien dans la garnison, lequel demeure chargé d'assurer le service divin. Ce te

HARNACHEMENT ET FERRAGE.

PAR CHEVAL,		OBSERVATIONS.
DANS PARIS,		
par an.	par jour.	
f. c.	f. c.	
		(A) Cette fixation est applicable aux mulets des batteries détachées en Algérie (*J. M. offic.*, 2e semestre 1842, page 50.)
20 00	0 05 479	(B) Compris les zouaves. (*J. M. offic.*, 2e sem. 1842. p. 250. — Tarif approuvé par le roi)
27 00	0 07 397	
30 00	0 08 219	
34 00	0 09 315 (B)	
....	....	Il est alloué une indemnité de 6 francs. une fois payée, pour chaque cheval admis dans les dépôts de remonte.

(N° 59*.) TARIF DES RATIONS DE VIVRES,

ALLOUÉES A CHAQUE GRADE SUR LE PIED

DÉSIGNATION DES ARMES ET DES GRADES.	NOMBRE DE		
	SUR LE PIED DE PAIX (A)		
	Vivres.	Fourrages.	Chauffage.
Maréchal de France..........	......	......	......
Officiers généraux. Lieutenant général chef de l'état-major général d'une armée	......	......	......
Id. commandant en chef un corps d'armée..........	... ..	......	......
Lieutenant général...........................	......	......	......
Maréchal de camp, chef d'état-major d'un corps d'armée..	......	......	......
Maréchal de camp...........................	......	......	......
Corps royal d'état-major. Colonel ou lieuten.-col. chef d'état-major d'une division..	......	......	......
Id. chargé de la partie topographique	......	......	......
Colonel ou lieutenant-colonel d'état-major	......	......	......
Chef d'escadron	......	......	......
Capitaine..............................	......	......	......
Lieutenant	......	......	......
Intendance militaire. Intendant général.......................	......	......	......
Intendant en chef	... ..	......	......
Intendant..............................	......	......	......
Sous-intendant...	. ....	......	......
Adjoint,.............................	......	......	......
Etat-major des places. Commandants de place.... Colonel......................	......	......	......
Lieutenant-colonel	......	......	......
Chef de bataillon...........	......	......	......
Capitaine.................	... ...	......	......
Majors de place, adjudants et secrétaires de place, et commandants de postes militaires.......... Chef de bataillon....... ...	......	......	......
Capitaine..................	... ...	... ..	......
Lieutenant	......	......	......
Sous-lieutenant	......	......	......
Sous-officier.................	......	......	......
Aumônier...........................	......	......	......
Portier consigne........................	......	......	......
Colonel ou lieutenant-colonel d'artillerie ou du génie, chef de l'état-major de l'arme..........................	......	......	......
Etat-major particulier de l'artillerie. Colonel......................	......	......	......
Lieutenant-colonel......................	......	......	......
Chef d'escadron	......	......	......
Capitaine	......	......	......
Etat-major particulier du génie. Colonel......................	......	......	......
Lieutenant-colonel	......	......	......
Chef de bataillon.......	......	......	......
Capitaine	......	......	......
Lieutenant...........................	......	......	......

(A) Les officiers d'état-major et autres sans troupe ayant droit d'être montés, ainsi que les offi-
tive de fourrage pour le nombre de rations attribué à leur grade par le tarif, tableau n° 43.

(B) Les rations de chauffage sur le pied de guerre ne sont dues que lorsque l'allocation en a été

* N° 55 des tarifs de l'ordonnance du 5 décembre 1840.

DE FOURRAGES ET DE CHAUFFAGE,
DE PAIX ET SUR LE PIED DE GUERRE.

RATIONS PAR JOUR ET PAR GRADE, SUR LE PIED DE GUERRE.

Vivres.	Fourrages.				Chauffage (B).
	Chevaux de selle.	Chevaux de trait.	Chevaux ou mulets de bât.	TOTAL.	
24	18	.....	10	28	24
10	8	8	6	22	10
16	16	.....	6	22	16
8	8	.....	6	14	8
7	6	4	3	13	7
6	6	.....	3	9	6
4	4	2	3	9	6
4	4	4	3	11	6
3	4	.....	3	7	6
2	3	.....	.....	3	4
2	3	.....	.....	3	4
12	8	8	4	20	12
10	8	4	4	16	10
6	4	4	3	11	8
3	3	2	2	7	6
2	2	.....	1	3	4
3	3	.....	.....	3	6
3	3	.....	.....	3	6
2	2	.....	.....	2	4
2	1	.....	.....	1	4
2	2	.....	.....	2	4
2	.....	.....	.....	.....	4
1 1/2	.....	.....	.....	.....	4
1 1/2	.....	.....	.....	.....	4
1	.....	.....	.....	.....	2
2	.....	.....	.....	.....	4
1	.....	.....	.....	.....	2
4	4	2	3	9	6
3	4	.....	3	7	6
3	4	.....	3	7	6
2	3	.....	.....	3	4
2	3	.....	.....	3	4
3	4	.....	3	7	6
3	4	.....	3	7	6
2	3	.....	.....	3	4
2	2	.....	.....	2	4

OBSERVATIONS.

Le maréchal de camp remplissant les fonctions de chef d'état-major général d'une armée reçoit le nombre de rations de toute espèce attribué à ces fonctions.

Les officiers employés aux armées à la suite des états-majors ou comme offic. d'ordonn., reçoivent le même nombre de rations que les offic. de leur grade dans le corps royal d'état-major.
Ces fixations sont applicables aux officiers d'ordonnance, ainsi qu'aux lieutenants appelés à remplir des fonctions d'état-major, après avoir achevé le temps de service auquel ils sont tenus dans l'infanterie et la cavalerie.

Le sous-intendant militaire chargé des fonctions d'intendant reçoit le nombre de rations de toute espèce attribué à ce dernier grade.

Les rations de fourrages attribuées par le présent tarif aux officiers des états-majors de place ne leur sont allouées qu'en cas de siège.

ciers supérieurs des corps de troupes à pied, reçoivent sur le pied de paix l'indemnité représenta-
autorisée par une décision spéciale.

(Suite du n° 59.) TARIF DES RATIONS DE VIVRES,

DÉSIGNATION DES ARMES ET DES GRADES.	NOMBRE DE — SUR LE PIED DE PAIX.		
	Vivres.	Fourrages.	Chauffage.
État-major des parcs de construction des équipages militaires. Colonel			
Lieutenant-colonel			
Chef d'escadron			
Capitaine (autre que celui en résidence fixe)			
Lieutenant et sous-lieutenant			
CORPS DE TROUPE.			
Colonels et lieutenants-colonels d'infanterie			
Id. du génie			
Colonels de cavalerie et d'artillerie		3	
Colonel du régiment de pontonniers			
Lieutenants-colonels de cavalerie et d'artillerie		3	
Id. du régiment de pontonniers			
Chefs de bataillon et majors d'infanterie			
Chefs d'escadron et majors de cavalerie, artillerie et trains		2	
Chefs de bataillon ou d'escadron et majors du régiment de pontonniers et des régiments du génie			
Trésoriers et officiers d'habillement des troupes à cheval et des régiments d'artillerie (a)			
Adjoints aux trésoriers dans les corps de toutes armes			
Officiers payeurs — d'infanterie			
Officiers payeurs — de cavalerie		1	
Adjudants-majors — d'infanterie			
Adjudants-majors — du génie et du régiment de pontonniers			
Adjudants-majors — de cavalerie, artillerie et trains		2	
Lieutenants d'état-major détachés — dans les troupes à pied			
Lieutenants d'état-major détachés — dans les troupes à cheval		1	
Capitaines — d'infanterie			
Capitaines — du génie, du régiment de pontonniers et des compagnies d'ouvriers			
Capitaines — de cavalerie, artillerie et trains		2	
Lieutenants et sous-lieutenants — d'infanterie			
Lieutenants et sous-lieutenants — du génie, du régiment de pontonniers et des compagnies d'ouvriers			
Lieutenants et sous-lieutenants — de cavalerie, artillerie et trains		1	
Bataill. de chasseurs d'Orléans et bataillons d'ouvriers d'administration — Chef de bataillon			
Bataill. de chasseurs d'Orléans et bataillons d'ouvriers d'administration — Capitaine			
Bataill. de chasseurs d'Orléans et bataillons d'ouvriers d'administration — Lieutenant et sous-lieutenant			
Sous-officiers, fourriers, caporaux, tambours, caporaux-sapeurs, brigadiers-trompettes, maîtres ouvriers, musiciens-gagistes	1		2
Caporaux, brigadiers, soldats, enfants de troupe	1		1
Vétérinaires — principal			
Vétérinaires — en premier			
Vétérinaires — Aide et sous-aide			
Garde nationale en activité			
Gendarmerie			
SERVICE DE SANTÉ.			
Médecin, chirurgien ou pharmacien principal			
Chirurgien-major des corps de troupes à pied			
Chirurgien-major des corps de troupes à cheval — Cavalerie			
Chirurgien-major des corps de troupes à cheval — Artillerie		1	
Chirurgien-major des corps de troupes à cheval — Trains			

DE FOURRAGES ET DE CHAUFFAGE.

RATIONS PAR JOUR ET PAR GRADE,
SUR LE PIED DE GUERRE.

| Vivres. | Fourrages. | | | | Chauffage. | OBSERVATIONS. |
	Chevaux de selle.	Chevaux de trait.	Chevaux ou mulets de bât.	TOTAL.		
3	4	....	3	7	6	
3	4	....	3	7	6	
2	3	....	....	3	4	
2	3	....	....	3	4	
2	2	....	....	2	4	
3	3	....	4	7	6	(A) Pour avoir droit aux rations de fourrages qui leur sont allouées au lieu de l'indemnité représentative dont ils jouissaient précédemment, les officiers comptables des corps de troupes à cheval (y compris ceux des régiments d'artillerie) seront rigoureusement tenus de justifier, selon la règle commune, de l'existence de leurs chevaux.
3	4	....	4	8	6	
3	5	....	4	9	6	
3	4	....	4	8	6	
3	4	....	4	8	6	
3	4	....	4	8	6	
2	2	....	1	3	4	
2	3	....	1	4	4	
2	3	....	1	4	4	
....	....	....	....	....	....	Selon leur grade effectif.
....	....	....	....	....	....	
2	1	....	....	1	4	
2	2	....	1	3	4	
2	1	....	....	1	4	
2	3	....	....	3	4	
2	3	....	....	3	4	
2	1	....	....	1	4	
2	2	....	....	2	4	
2	....	....	....	....	4	
2	3	....	....	3	4	Sur le pied de guerre, les officiers d'infanterie âgés de plus de 50 ans ont droit à une ration de fourrages.
2	3	....	....	3	4	
1 1/2	....	....	....	....	4	
2	2	....	....	2	4	
2	2	....	....	2	4	
2	2	....	1	3	4	
2	....	....	....	....	4	
1 1/2	....	....	....	....	4	
1	....	....	....	....	2	
1	....	....	....	....	1	
2	2	....	....	....	4	J. M. offic., 1er semestre 1845, p. 86, tarif approuvé par le roi.
2	1	....	....	....	4	
1	....	....	....	....	....	
....	....	....	....	....	....	Comme l'infanterie.
....	....	....	....	....	....	En campagne comme les troupes à cheval.
2	2	....	2	4	4	
2	1	....	2	3	4	
2	1	....	2	3	[illegible]	

(Suite du n° 59.) TARIF DES RATIONS DE VIVRES,

DÉSIGNATION DES ARMES ET DES GRADES.	NOMBRE DE		
	SUR LE PIED DE PAIX.		
	Vivres.	Fourrages.	Chauffage.
Chirurgien aide-major des corps de troupes à pied....................	......	......	......
Chirurgien aide-major (Cavalerie ....) des corps { Artillerie .... } de troupes à cheval. (Trains.................................)	......	1	......
Médecin ordinaire, chirurgien ou pharmacien-major attachés aux hôpitaux et aux ambulances....................................	......	......	......
Médecin-adjoint, chirurgien et pharmacien aides et sous-aides attachés aux hôpitaux et aux ambulances....................................	......	......	......
ADMINISTRATIONS MILITAIRES.			
Payeur général.......................	......	......	......
Payeur principal, divisionnaire, chef de comptabilité, directeur en chef des postes	......	......	......
Payeur-adjoint et caissier du payeur général	......	......	......
Officier d'administration principal des hôpitaux, des subsistances, de l'habillement et du campement, inspecteur et directeur particulier des postes, directeur des équipages du trésor, traducteur de l'imprimerie..	......	......	......
Services des hôpitaux, des (Officier d'administration comptable....... subsistances, de l'habil- { Adjudant d'administration en premier et en lement et du campement (second	......	......	......
Chef de parc, chef de brigade, contrôleurs, caissiers et employés des postes de 1re classe, sous-directeur des équipages du trésor	......	......	......
Sous-chef de parc, agent principal comptable et garde d'artillerie, garde principal et ordinaire du génie, conducteur en chef et ordinaire d'artillerie, conducteur en chef principal et particulier des équipages du trésor.....................................	......	......	......
Employés attachés aux états-majors, aux intendants, sous-intendants militaires et adjoints à l'intendance....................................	......	......	......
Vaguemestres.......................	......	......	......
Infirmiers militaires de tous grades, conducteurs de mulets de bât, garçon de bureau, de caisse, vaguemestre et postillon du trésor........	......	......	......

Les rations de fourrages portées au présent tarif ne sont dues qu'autant que les officiers ont le
Si ce nombre est inférieur, les rations ne doivent être allouées qu'en raison de l'effectif.
Des tarifs spéciaux déterminent, lorsqu'il y a lieu, les diverses prestations en nature à allouer

Paris, le 5 décembre 1840.

DE FOURRAGES ET DE CHAUFFAGE.

| RATIONS PAR JOUR ET PAR GRADE, SUR LE PIED DE GUERRE. | | | | | | OBSERVATIONS. |
| Vivres. | Fourrages. | | | | Chauffage. | |
	Chevaux de selle.	Chevaux de trait.	Chevaux ou mulets de bât.	TOTAL.		
2	1	......	......	1	4	
2	1	......	......	1	4	
2	1	......	2	3	4	
2	1	......	......	1	4	
6	4	4	3	11	8	
3	3	2	2	7	6	
2	2	......	1	3	4	
2	2	......	......	2	4	
2	1	......	......	1	4	
1 1/2	1	......	......	1	4	
1	1	......	......	1	2	
1	......	......	......	......	1	
......	......	......	......	......	......	Selon leur grade.
1	......	......	......	......	1	Les infirmiers militaires n'ont pas droit aux rations de vivres lorsqu'ils sont nourris dans les hôpitaux.

nombre de chevaux qui leur est attribué.

aux corps d'occupation.

Signé LOUIS-PHILIPPE.

Par le Roi :

Le Président du conseil, Ministre Secrétaire d'État de la guerre,

Signé Maréchal Duc de Dalmatie.

Collationné :

Le chef du bureau des lois et archives.

Rousseau.

Certifié conforme par nous,

Conseiller d'État, Secrétaire général,

A Paris, le 27 janvier 1841.

E. Martineau.

(N° 60.) TARIF DE LA SOLDE ET DES VIVRES

ALLOUÉS AUX PRISONNIERS ARABES DÉTENUS EN FRANCE ET EN ALGÉRIE (1).

DÉSIGNATION DES CLASSES.	SOLDE jour- nalière	RATIONS JOURNALIÈRES.				Vête- ments.	OBSERVATIONS.
		Pain à 750 gram.	Riz à 60 gram.	Sel à 1/60e.	Bois à 800 gram.		
1re classe......................	0f 30c	1	1	1	2	1	
2e classe	0 25	1	1	1	1	1	
3e classe { domestiques..........	0 15	1	1	1	1	1	
{ enfants de 3 à 10 ans..	0 15	1/2	1/2	1/2	1/2	1	
Enfants au-dessous de 2 ans.. . .	»	»	»	»	»	1	

La première classe comprend les chefs et personnages influents sous le rapport politique, militaire ou religieux.

La deuxième classe, les individus de moindre importance, les serviteurs composant la maison des prisonniers de première classe, et les enfants de 10 à 15 ans.

La troisième classe, les enfants de 2 à 10 ans et les domestiques.

Les femmes auront droit aux mêmes allocations que les hommes de la classe à laquelle elles appartiennent.

Une double ration de chauffage sera accordée en sus de la ration journal. pour chaque malade traité à l'infirm. Lorsqu'il sera distribué du couscoussou, la ration de riz sera supprimée.

Les prisonniers en France, mis en liberté, recevront, à l'exclusion de toute allocation en nature, et jusqu'au jour exclu de leur embarquement pour l'Algérie, une indemnité journalière, fixée à 2 f. pour la première classe, 1 f. 50 c. pour la deuxième et 1 f. pour la troisième.

(1) *Décision ministérielle du 26 septembre 1843. (J. M. offic., 2e sem. 1843, p. 262.)*

(N° 61.) TARIF DE L'INDEMNITÉ DE LOGEMENT

ACCORDÉE AUX OFFICIERS DE L'ARMÉE D'AFRIQUE ET AUX FONCTIONNAIRES ASSIMILÉS (1).

DÉSIGNATION DES GRADES.	INDEMNITÉ MENSUELLE		
	par grade.	à la charge du service de la solde.	supplémen- taire à la charge des services coloniaux.
Colonels............................	80 f. 00 c.	45 f. 00 c.	55 f. 00 c.
Lieutenants-colonels.................	70 00	45 00	25 00
Chefs de bataillon...................	60 00	45 00	15 00
Capitaines..........................	35 00	30 00	5 00
Lieutenants et sous-lieutenants......	25 00	20 00	5 00

OBSERVATIONS.

Les allocations qui figurent ci-dessus, à la 2e colonne, sont les mêmes, par grade, que celles fixées par le tarif de France, du 5 décembre 1840, sauf une augmentation de 5 fr. par mois pour les capitaines, lieutenants et sous-lieutenants. Les officiers indigènes des bataillons de tirailleur n'ont droit ni à l'indemnité de logement, ni à celle d'ameublement.

(1) *Arrêté ministériel du 29 octobre 1841. (J. M. offic., 2e sem. 1841, p. 544.)*
D'après une décision ministérielle du 17 septembre 1840, les officiers comptables des corps de troupes en Algérie, recevront, à partir du 1er janvier 1845, une indemnité semblable à celle qui est allouée dans l'intérieur aux mêmes officiers pour l'emplacement de leurs bureaux. (J. M. offic., 2e sem. 1844, page 579.)

TABLE DES TARIFS.

PARIS, IMPRIMERIE DE PAUL DUPONT ET COMP.,
rue de Grenelle-Saint-Honoré, n. 55.

Formulaire des procès-verbaux en matière de délits de chasse.

Par E. GOURNAY, capitaine de gendarmerie. Prix : 50 c.

Ordonnance du 29 octobre 1820 annotée, portant règlement sur le service
de la gendarmerie.

Manuel de la franchise et du contre-seing, à l'usage de la gendarmerie.

Tarif de solde de la gendarmerie *des voltigeurs corses*, de la garde *municipale*
et des sapeurs-pompiers de Paris.

Extrait du 4ᵉ volume

Du Droit et de la Législation des armées de terre et de mer ;

Par M. DURAT-LASALLE, et avec son autorisation.

NOTA. On trouve dans la maison Léautey, au prix des éditeurs, tous les ou-
vrages d'art, de science, de tactique, d'histoire militaire, etc., et tous les livres
militaires et autres publiés par tous les libraires de Paris, aux prix portés sur
leurs catalogues.